AF132036

LES REFLETS DU SOLEIL

ÉPONINE D'ESCRIME

Illustrations : MATHILDE FLEAU

© 2022 Éponine d'Escrime
Édition : BoD – Books on Demand,
info@bod.fr
Impression : BoD – Books on Demand, In de
Tarpen 42, Norderstedt (Allemagne)
Impression à la demande
ISBN : 978-2-3222-7023-1
Dépôt légal : Juillet 2022

Sommaire

Chapitre III : La Guerre des Sans-Lendemain

I

Naissance et Mort d'un Soleil

$$$

$uccès
$onges
$oleil

Au $uccès $onge le $oleil

Le S barré laisse parler mon désir de lové
Les contes modernes m'ont fait rêver
Un modèle dans le luxe et les vies des dépravés

Même si j'me recule des écrans, l'écrin de la
gloire m'a marqué avec cran de ses idéaux
sucrins

Mon égo chuchote que j'le mérite
La monnaie, les gows, le doré mythe
Do Ré Mi chantent les sirènes du vice
J'les imite et m'perds dans les abysses

Le $oleil veut brûler l'oseille
Par excès jeter ses billets en l'air
Mais fini comme bouteille à la mer
Loin du rivage scintillant, des merveilles

Le $oleil se consume

S'offense et se fume
Se défonce et s'inhume

Hybris Poétique

Encore un égotrip poétique
Prétendant au manifeste de ma grandeur
Contre les dieux problématiques
L'ultime Hybris dont je n'ai plus peur

Faites une pause car j'impose ma prose pour
flétrir vos bouquets de roses
J'architecture sur des pages mes écritures, j'use
de mes mots en suivant une tablature pleine de
ratures chantant mes poèmes futurs

Je suis trop adextre pour le reste
Et je me répands comme la Peste
J'évince tous les grimauds sans talent
Et Rimbaud, là-haut, répète mes chants

Foutreciel ! Mes vers sont des putains de mantras
Et bientôt, c'est le monde entier qui l'admettra
Des monastères fondés sur mes paroles
Des milliers d'élèves dont je suis l'idole
Passeront leur semestre entier à méditer
Sur la célérité d'ma créativité

Ton afféterie oxacide me donne la nausée et des remontées de lignes acides viennent en moi pour t'intoxiquer

Je suis une chasseresse des mots
Qui complète son lourd volucraire
De rimes placides et vulgaires
Des rapaces que j'dompte avec brio
Et dont l'envergure devrait plaire

Je suis née pour remettre de l'ordre dans la nécropole de la littérature et vos simulacres de poésie vont s'effacer, anéantis par la kyrielle de mes écrits sacrés

luXXXe

Luxe dans mes recueils
Ta médiocrité sera ton cercueil

Tes rimes riches sont pauvres en poésie
Les miennes trouvent leur opulence dans l'sens
Ton talent est comme un avion de Malaisie
Disparu, évanoui, bourré de contresens
Trouve du plaisir dans mon insolence

Vous pouvez vipérer autant que vous voulez
Vous finirez très rapidement bouche bée
Un seul d'mes poèmes et c'est l'autodafé
Pour tous vos manuscrits imbibés de café

Pou$$ière d'égo

Les jours et mes angoisses s'enchaînent, seule dans cette chambre poussiéreuse. La lumière diurne peine à traverser le rideau, et des phrases maladroites gouttent sur la vitre humide.
Toujours la même sique-mu, les mêmes ceaux-mor qui tournent en boucle et moi j'tourne en rond.
Mes peurs se cachent un peu partout dans la pièce et chantent les scénarios de ma paranoïa, scénarios incohérents qui s'impriment dans mon crâne.
Dans les 'teilles et les cancerettes éparpillées un peu partout se dissimulent mes démons, les familiers dont je m'occupe depuis que j'ai signé de mes poésies les pages du Diable.
L'éternelle lutte qui oppose mon égo et ma dépression.
J'ai l'impression d'être aimée et populaire mais j'n'oublie pas qu'il est impossible de le vérifier puisque l'on accède jamais aux pensées profondes de l'Autre.
Seule cette feuille peut être ma confidente car il ne me reste que l'écriture pour m'évader du chaos.

Je tisse des rimes à partir du vide, et j'rappe avec mon ombre comme unique spectatrice.
J'organise mes funérailles avec l'Art comme seul invité.

Abysse

Askip je suis douée. Mon égo me dit que oui, ma dépression me dit que non. L'un après l'autre, ils échangent leurs rôles et passent de vérité à mirage.

Ma plume plonge dans l'encrier de mon spleen pour peindre l'idéal que mon égo chante.

Un astre absorbé par un trou noir.
Suis-je l'astre ou le trou noir ?

Masque, capuche
Seule dans le bus
J'rappe ma mégalomanie pour duper ma mélancolie qui s'dissimule comme des sélénites sur la face cachée de la Lune.

Je suis une allumette trempée d'essence et il suffit d'une étincelle de sa part.
Je suis ce flingue contre ton crâne qui n'attend qu'une légère pression sur la gâchette.
Je suis un bouquet de narcisses déposé dans une bouteille de vodka.
Je suis le Soleil qui s'enterre dans les vagues de l'horizon, ses bras roses s'étalant dans les draps
16

salés sous lesquels s'effondre la lumière et s'amplifie le vacarme.

Milkomeda

Quand nos corps sont reposés l'un sur l'autre,
j'oublie toutes mes envies de richesse, et tu
m'apparais milliardaire

Je suis pharaonne à partir d'un seul de tes baisers
venant à s'appliquer sur ma peau

J'ai gardé sur mes doigts le parfum troublant du
bouquet de fleurs que nous avons cueilli, dans
cet immense jardin vivant et bouillant

Les immobiles chrysalides se régénérant dans
mon être ont éclos, libérant de vivaces papillons
me dévorant de l'intérieur

Douleur appréciée puisqu'elle me rappelle ton
existence
Mon cœur bat lentement
Manque de battements évident
Qui me rappelle ton absence

Le Soleil tourne en rond
Sa surface en fusion
Ma peau est brûlante
Et mes cent pas miment les mécaniques célestes
18

En attendant impatiemment la prochaine
collision de nos deux galaxies

Rukia

Son sabre transperce mon ventre
Et libère les phalènes de leur antre
Mes yeux aveuglés par mille phosphènes
Qui épongent toutes mes peines

L'amour est un duel
Nos esprits s'entrechoquent pêle-mêle
Et la température monte… Bankai !
L'amour est souvent bancal
Et je crois que j'le préfère ainsi
Je pense que sinon je m'ennuie

On se taquine
Nos amours clandestines
Elle comble le trou de ma poitrine

Son souffle chaud, ses mains glacées
J'griffe son dos, elle mord ma trachée
Sous le ciel bleu de Las Noches
La vivacité de nos violentes caresses
Le bruit distant de deux lames qui s'agressent
Je m'agrippe à son flanc
Elle tranche mon masque blanc

Son odeur sur mon sweat que j'lui ai prêté

Couleur bordeaux comme le vin que j'ai versé
Dans ma glotte au bord de l'eau
Avant de plonger ma tête dans sa gorge
J'oublie mes remords
Des traces de morsures sur mon corps
Et l'usure des ressorts du lit
Les draps pleins de plis

On se serre par la taille
Et s'entretue dans la bataille
Des larmes acides sur mes joues
Que cachait mon masque de loup

Et la Lune éclaire
Le chemin où l'on se perd
Un désert sans repère
Témoin de notre guerre
Le combat passionnel
Auquel l'on s'attèle

J'martèle la gâchette
De mon gun pulsionnel
Pendant qu'elle découpe mes ailes
Et soigne mes séquelles

$uicide d'un $oleil

Masquée comme mes sentiments chimiques
Tachetés de sang irritant et vivide
Racheté par mes chants rimant dans le vide
La clarté de mon suicide métaphorique
Éclate avec le liquide de mes veines ivres
Écarlates comme les yeux livides
Des grandes archantiques vouivres
Sur la blanche Antarctique de ma peau nitide
Ruissèlent mille filets de poésies avides
De gloire et de destruction infinies
Un Soleil aux limites indéfinies

L'Éponine d'Hugo

Mon cœur défectueux est trop affectueux
Tumultueux, il cumule les tumeurs émotionnelles
J'passe ma vacancelle d'humeur malheureuse à
tuer les pleurs

Seule dans ma chambre, je désaraigne de frustes
mémoires qui me frustrent et j'prie, tendue
comme la corde d'un arc, pour que tu m'envoies
un message, qu'on se rejoigne au parc pour rire
des enfants en bas âge, mais la seule entité qui
s'adresse à moi est l'orage tandis que la pluie
trempe les pages de mes carnets

Cloisonnée dans ma démence, je suis sans
défense
Je m'éclate le crâne contre les murailles du
silence qui m'écrasent, et je murmure « à l'aide »
mais mes cordes vocales sont emmêlées comme
mes écouteurs qui diffusent un triste son de rap
français, et mes larmes partent comme des balles
d'acier

Ma bouche inspire, expire, expulse comme une
fumerolle dans le calme de l'hiver volcanique

qui s'installe après l'éruption qui a noircit le ciel
pâle

J'suis due-per, meurtrie par de dures pertes
Nulle part je ne peux fuir mes murs de peines, et
les murènes du regret qui à toute allure traînent à
toute heure dans mon esprit saturé de souvenirs
de quand nos cœurs scarifiés se sont attirés
Je me suis mise à tirer sur les palissades de la
mélancolie, mais la folie joue son étrange pièce
Un terrifiant Molière dont je suis le perso'
tragique, et comme l'Épo d'Hugo, j'attends une
mort héroïque, enfermée dans mes vers
nostalgiques

Sous l'hydrométéore, il fait si froid dehors, et
l'amertume des torts me dévore mais j'ai d'ores
et déjà caché mes toiles pour en oublier les
couleurs
Coule mon œuvre qui serpente comme une
couleuvre dans l'eau calme

Les Utopies Enfouies

Je chante mon égo
J'écrase le mégot
De ce foutu spleen
Qui se ranime
Toujours, à chaque rime
La déprime est mesquine

Est-ce une bonne idée de me fréquenter ?
Des fois, il faut désamorcer des amours forcées
Détruire les ruines d'idylles ratées
C'est l'dawa dans mon veau-cer
Sur ma langue, un goût amer
Mélancolie liquide
J'empile les bouteilles vides
Je ne suis qu'un kid
Tombé dans les rapides

Chaque nuit, dépression me hante
Et la violence me démange
J'me bats sur une pente glissante
J'suis le Soleil qui fait fondre tes ailes d'ange
J'suis l'horreur d'un meurtre gratuit
J'suis l'amour usé qui s'enfuit
J'suis ce génie qui sombre dans la folie
Et c'philosophe exécuté qui perd la vie

Il y a des mains que j'regrette d'avoir serrées
Des lèvres que j'regrette d'avoir embrassées
À dix dans ma chambre, entassés
Eux, j'espère ne jamais les regretter

Sans remord, j'mords ton corps
Je bois lorsque tu dors
Et j'perds le nord quand tu m'vois
Encore une crise d'angoisse, intérieur désaccord
Mes peurs et ma noirceur me dévorent
J'échappe à tous mes devoirs
Et je m'endors
Sur le tic-tac de l'horloge
Résonnant comme la voix du Horla
J'écris des futurs disques d'or
Pas des disquettes d'un soir
Armé et sans renfort
Si jamais tout foire
J'n'ai pas le début de la story
Mais j'connais déjà la fin de l'histoire
Des fleurs maladives jamais guéries

J'écris la Nuit
J'dors en cours
Une légère inspi'
Un sommeil lourd

Étrange quête d'oseille
Atroce errance, réveil
Naissance et mort d'un Soleil

Les Bars de Pandémonium

Combien de litres d'alcool avant que je ne
vomisse mes remords ?
L'esquisse d'une mort pour esquiver les
désaccords.

J'ai déjà vidé trop de 'teilles…
J'aurais dû m'y attendre, c'est toujours pareil.
Le Soleil brille mais pleure, caché derrière les
nuages, affecté par le fluage des relations qui se
meurent.
La peine est noyée dans les cachets, et les
émotions sont déployées dans un cahier aux
pages trempées.

J'ai hésité devant la pendaison de nos relations,
mais comment soigner mes lésions causées par
mes liaisons dangereuses.
J'me souviens de son rire d'ange heureux se
mêlant au mien, il n'en reste rien, un zeste de
regret dans mon verre plein.

Le sol froid contre ma peau est comme un glock
contre ma tempe.
En buvette, j'pense à toi et les glauques estampes
que tu m'inspires.

28

Prisonnière de ton empire, solitaire, j'perds de vue l'horizon et ses occasions d'évasion, entre les bâtiments de Pandémonium et d'ses bars m'abreuvant de rhum.

Éternelle errance dans mes débris, la flamme éteinte, plus d'essence dans le quet-bri, de la démence dans mes écrits, une latence de l'écho dans les cris, la danse de mes crocs dans l'mépris, une phrase interminable pour déverser mes vers minables, j'suis incapable de mettre un point final, passer mon temps à vendre des dix balles, des idées noires et sales, un repas banal, même si gun sous la table, c'est insoutenable, j'attend la Mort avec un gilet pare-balles.

Prétends

Ressens-tu ce sentiment ?
On prétend l'inverse de c'qu'on pense
J'ai pris d'un coup trop de distance
Une colère latente
Une émotion démente
Un démon qui nous hante
Est-ce de la haine ?

Attends… Attends…

On fait comme si rien ne s'était passé
Croque dans la pomme amère du passé
Elle est empoisonnée, t'es brassée
Je regrette parfois de t'avoir embrassée
Deux, trois, quatre garettes, des mégots entassés
Le souvenir de nos deux corps entrelacés
Deux créatures blessées, aucune panacée
Une relation dépassée qui fut toujours
compliquée
On ne peut réparer les liens brisés
J'ai cassé avant que tu ne l'fasses
J'ai désamorcé la bombe H
J'ai conscience d'être une connasse
Mais avec le temps, tout s'efface

Alors prétends que je n'existe plus
Que je n'existe plus…

Toi, moi, c'est fini depuis quelques mois
L'air est froid
Comme lors des soirs les plus noirs
Dans les couloirs
On se croise sans se voir
Ou plutôt sans vouloir se voir
Je bois et n'efface aucune ardoise
T'es présente dans mes cauchemars
Comme dans les bars
Dans lesquels on buvait de la bière
Il se fait tard, j'ferme mes paupières
Mais ne dors pas
Des souvenirs épars dans chaque rue
Dans chaque gare où notre amour fut

Dans ma tête.

Du bruit dans ma tête, une foule de gens, une réception de geois-bour, comme dans les films, des bruits de verres de champagne qui s'entrechoquent, des chuchotements, des ricanements, des bavardages, trop de mouvement, des enfants qui courent, et soudain, plus rien.

À part un cri distant.

Le silence est angoissant.

J'gravis d'opulentes marches rouges, m'appuie sur la rampe dorée.

Je suis réfugiée dans une chambre, sur un lit moite, auprès d'une muse que la pénombre rend invisible.

Un frisson.

Je n'ose me retourner.

Mais j'imagine sa silhouette dans l'obscurité totale, juste derrière moi.

Je sens son ongle griffer lentement la peau de mon dos nu.

Sursaut.

Ma lourde respiration résonne dans la pièce.

Parésie qui se répand dans tout mon corps.

Le vacarme revient.

Un verre de champagne dans ma main.

32

Petit $oleil

Petit Soleil persécuté
Emmagasine sa rage
Et la transcrit sur des pages
Prêt à d'un coup tout cafuter

Petit Soleil dans la brume
Examine attentivement
L'écume et chaque mouvement
Afin d'aiguiser sa plume

Petit Soleil est ambitieux
Il rêve d'éclairer les cieux
D'effacer la concurrence
Exponentielle confiance

Petit Soleil cherche à briller
Veut arrêter d'être oublié
Et dans sa vengeance brûler
Tous ses alentours étoilés

Gravity Falls

Partons à l'aventure, comme des enfants
Allons trouver le loup-garou et le dragon
Vagabonder, s'émerveiller, c'est ça le plan
Prends un bâton et viens combattre des démons

J'ai entendu des rumeurs dans le village
Une maison hantée en haut de la colline
On devrait y'aller par cette nuit d'orage
Quoi ? T'as peur ?! Poule mouillée ! J'te
taquine !

La chasse aux monstres est ouverte, arme toi !
On va salir nos vêtements dans la gadoue
Moi, je suis armée d'une épuisette au cas où
C'est peut-être que des histoires, mais j'y crois

Et demain, nous remonterons la rivière
En inventant plein de scénarii farfelus
Remplis d'extraterrestres, de monstres velus
Jusqu'à la cascade, victorieux et fiers

Rosalia

Une averse de feuilles mortes débarque avec le vent dans cette ville où l'odeur d'un automne éternel flotte dans les ruelles calmes.

Heureux est celui qui a la chance d'apercevoir le légendaire oiseau d'arc-en-ciel survoler la Tour Ferraille, dont l'ombre abrite sa grande sœur Cendrée, frappée par la foudre, écroulée par le feu, et endormie par la pluie.

Dans la vêprée orangée tourbillonnent les danseuses en kimono au rythme du son d'un shamisen, et les spectres malicieux sortent de l'obscurité pour s'amuser au crépuscule.

Huit Temps

Chorégraphie, rythme en huit temps
Répétition des mêmes pas
Quand la sique-mu démarre
Sa main sadine dans ma main
On s'écarte et s'attire
On s'écarte et lâche l'autre

Nos mouvements s'accélèrent
Des gestes approximatifs
J'peine à suivre sa cadence
Trop occupée à admirer
Son énergie et sa grâce
L'habitude que mon regard
A de se perdre sur son corps
Des éphélides parsemant
Ses épaules découvertes
À la sérénité vive
De son visage chaleureux

La chorégraphie est finie, et nous sommes dos à
dos, l'une contre l'autre, en équilibre

Un rire et l'on recommence

La Muse aux Cancerettes

Tu m'inspires et m'apaises, ma bouille
s'illumine et les cris se taisent quand je te croise
dans les couloirs où pèsent les âmes en peine

Ta chevelure comme harpe, tes joues comme
toile, ta poitrine comme reposoir, et tout ton être
comme manuscrit

Muse souriante ouvrant les bras pour accueillir
mon œuvre blessée et autodestructrice, tu
reconstruis mes débris

Muse malicieuse enveloppée de tes ailes de
fumée, cache moi de tes plumes d'ange
enflammées

Contact

Les étoiles oscillent, tournent, brûlent et
s'aperçoivent à des distances déroutantes, mais
n'ont que de minimes échanges astraux.

Deux rayons de Soleil font la course en suivant
des trajectoires parallèles, une rivalité brève
écourtée par les rebondissements des photons.

Des roses sous vide, enfermées dans des cages de
verre, séparées par des barrières invisibles.
Incapables de se toucher, elles veulent pourtant
s'enlacer, savoir ce que les autres pensent,
ressentir ce que les autres ressentent, mais elles
ne peuvent que décalquer par compassion la joie,
la douleur, les émotions des vies de chacune.

Deux lucioles s'admirent de loin et s'esquivent
de près, inaptes à communiquer sans perdre tout
moyen.

Crypté

Sous les étoiles se repose mon chagrin
Exténuée dans l'herbe, je ne pense qu'à toi
N'attendant rien d'plus que ton amour saccharin
Dans ce dolosif monde où règne le froid

Nul artifice ne pourrait te remplacer
Urticante fleur ingrédient d'ma panacée
Distante étoile qui éclaire mes nuits bleues
Essence nourrissant mes poésies en feu
S'il te plait, réponds à mon appel audacieux

Enter the Trap

La trap résonne dans mes oreilles
Le trap se referme pour le prix d'une 'teille

Les étoiles sont effacées par les néons
Et les lumières de la ville de Lyon

L'ambiance nocturne est pourtant apaisante
Et la compagnie de cette fille est plaisante

À six, entassés dans le bendo
Toute ma clique fume le bédo

Les bons, les mauvais côtés d'la citadelle
En fuite perpétuelle
Le système s'écroule sur moi
Tout le monde veut la couronne du roi

Macron brasse 5€, 5€, 5€
Qu'il a volé à des étudiants fauchés
5€, 5€, 5€ qui f'raient des heureux
Que le capitalisme a amoché

Dans les décombres, je cherche l'invisible
Le Soleil veut s'coucher mais l'horizon est infini

La ville ne s'endort jamais vraiment
Les sirènes chantent assez fréquemment
On se dit qu'elles pourraient être pour nous
Qu'on est chanceux, qu'nos ennemis n'font pas
de voodoo

Petit blavan dans la jungle se ballade
Évite les fous, les balles, les malades
Sirote, paille dans le verre de codé
Reste patient, met ses rêves de côté

La trap résonne dans tes oreilles
Le trap se referme après le jour de paye

OG

J'écoute un son de OG
Quand j'pratique la noire magie
Et ce dès que j'écris
Moi aussi, j'veux braquer cette industrie

Du fuego dans les artères
Et un sale caractère
Trop de vocabulaire
Mes phrases sont oraculaires
Vous voyez, c'est facile à faire
Sortir des mots compliqués, tout fier
Mais les vérités sont loin des repères
Elles s'cachent, les détails sont leur repaire
Monet, Luce, fais deux pas en arrière
Pour voir la toile toute entière

Du fuego dans les veines
Je tiens le boutefeu
Qui va ouvrir la Géhenne
Lapidifiant les Dieux

Mes chants invoquent les djinns
De minuit, les insomnies
Mojo et verre de lean
Jusqu'à l'épiphanie

Un grimoire de recettes
De 777
Entrées, plats, desserts
Des Skrrrt dans le veau-cer

Aucun parhélie possible
Le Soleil reste impassible
Ascension rapide comme hélico'
Du Bourg-Palette au Plateau Indigo

Warfare

Si je m'agenouille devant toi
C'pour graver « pute » sur ta tombe
Ma poésie a l'effet d'une bombe
La littérature ayant perdu ses rois

Samurai, rōnin égaré
Mon katana plumiforme
Je déchiquète les normes
Juste histoire de me marrer

Mes rimes sont emplies de colère
Une violence gratuite dans mes vers
Héritée de siècles d'injustice
Discrimination, horreurs et milices

J'vais annexer des terres et des nations avec la
détermination d'un Super Saiyan et les munitions
d'Samus Aran

La face cachée du Soleil

Tous ceux qui font face au Soleil créent inévitablement une ombre dans leur dos.

Ces sibyllines formations seront le tombeau des vils héliophages car ces ténèbres sont la main armée de l'astre.

Faites dos à vos ombres en vous opposant au Soleil et elles vous engloutiront dans leurs vices, vous comprendrez alors que votre combat était perdu d'avance.

L'obscurité que vous pensez ennemie de la lumière est en réalité la manifestation de ses multiples bras chargés d'anéantir les impies se dressant contre elle.

Telle est la force du Soleil, créer la lumière qui permettra aux ténèbres de se répandre.

L'Éclipse

Lors du jour dernier, le Soleil s'enfermera dans ses draps de pénombre.

Lorsqu'un croissant de ténèbres aura envahi le cercle du Soleil, les Hommes couperont la tête de la grande divinité sylvestre, et des entrailles du dieu élaphien décapité sortira l'affreux roi de viscosité, torrent de boue déracinant chaque arbre sur son passage, engloutissant toute la forêt dans son magma.

Lorsqu'un quart du Soleil sera noir, un atroce cri résonnera, ce son terrifiant brisera les vitraux sacrés, déchirant les visages des idoles, et hantera éternellement tous ceux qui l'auront entendu.

Lorsque la moitié du Soleil sera voilée d'ombre, les morts se dresseront pour répandre la folie et la peur, les cendres des incinérés prendront feu, les noyés verseront l'eau dans laquelle ils ont péri directement dans les poumons des vivants.

Lorsque les teintes du Royaume inférieur auront conquis trois quarts du Soleil, des flammes jailliront des boyaux de la Terre, et calcineront tout ce qui porte l'odeur du sang versé par influence du vice et des faiblesses.

Lorsque la lumière partagée par le Soleil ne sera plus qu'un maigre croissant, les titanesques monstres ultramarins se réveilleront et apporterons avec eux l'Océan unique de la désolation.

Lorsque le Soleil sera entièrement revêtu de son armure d'un noir insondable, il engloutira l'univers pour tout réécrire.

Relique

Dans des ruines enfouies, sous les sables achromatiques du Temps, sommeille la Poétesse, les yeux fermés, l'urna ouvert sous le bandana, le corps protégé par une armure enveloppée d'un pull de coton rose.
Elle est assise sur un trône scintillant au milieu d'une chambre délabrée au sol recouvert de cendres argentées.

Le visage serein, une teinte dorée recouvre les ongles de sa main levée et ornée des attributs de sa Plume.

Au dessus du pouce se trouve la Couronne de son royaume, surplombée par la Lune, gardienne du Salpêtre.

Au dessus de l'index flotte l'Étoile de Vitriol abritant en son cœur la Pierre Philosophale.

Au dessus du majeur sourit le Soleil, sa peau et ses rayons d'Or sont les témoins de la dévorante quête de richesse de l'Alchimiste et la lumière qu'il dégage continue d'aveugler les peuples.

Au dessus de l'annuaire brille la Lanterne qui éclaire la Poétesse lorsqu'elle explore les sombres couloirs de son propre esprit.

Au dessus de l'auriculaire lévite la Clé de l'Art qui ouvre les portes que l'on ne voit pas et qui mènent aux mondes cachés, ainsi sont révélés les sons que l'on entend pas et les caresses que l'on ne ressent pas.

Dans sa paume, un poisson se prélasse dans un brasier, telle une salamandre, et les écritures cryptiques encrées sur ses écailles peu à peu s'effacent sans que personne n'ait jamais réussi à les déchiffrer.

Koi No Ɏokan

Je n'ai même pas encor retenu ton nom
Alors pourquoi un pressentiment m'envahi ?
Une étrange et inexplicable sensation

Une inévitable émotion qui s'répartit
Dans mon corps à la manière d'une infection
Et si on commençait les paris ?

Combien de temps pour que je tombe
amoureuse ?
Vais-je finir heureuse ou bien malheureuse ?
J'dois avouer que j'ai peur de me rapprocher
Mon cœur étant toujours recouvert de déchets

Mes joues trempées par ma dernière noyade
Je vois ton visage par les meurtrières
Réfugiée dans ma tour et ses palissades
Je souris car ta bouille m'est familière
Mais je reste cachée sous mes barricades

Un Snap de Toi

Fleur Vagabonde
Comme un courant d'air
Astre éphémère
Pour quelques s'condes

Lain & Cobain

Je n'suis pas quelqu'un de bien et je l'sais
Je n'freine jamais devant les excès

Le Soleil dans sa tête est à l'étroit
Circonvolue dans un bunker d'effroi
Je n'attends qu'elle pour v'nir me sauver
Mais j'suis une mauvaise influence
J'suis loin d'être la compagne rêvée
J'ai peur qu'elle ait peur de mes absences

Je suis tout-par et nulle part comme Lain
Et j'aime la vie, comme Kurt Cobain

Loading

Déjà 16 H, j'n'ai rien fait de ma journée.
J'ai mis la musique à fond pour ne pas entendre
les nouvelles qui me dépriment.
Dans cet appartement vide résonne ma voix qui
chante faux.
J'cuisine, j'essaye de me vider la tête.
J'remplis mon biberon de sérum d'oubli.
Même le ciel bleu installé depuis quelques jours
s'est barré.
Le Soleil faiblit lentement.
Je prépare une réssoi chez moi demain, et je bois
déjà, comme pour m'échauffer.
Les 'teilles s'entassent sur ma table.
Et puis il y a cette fille dont je suis amoureuse
qui doit venir chez moi le jour d'après.
Mais en attendant toute cette agitation, je suis
vide, une coquille échouée sur le sable d'une
plage en hiver.
Extravertie aux batteries déchargées.

Muse en Salopette

Sentiments inévitables
Et salopette
Béret, lunettes
La vague et le château d'sable

J'me suis perdue dans son regard mignon
Des flammes à côté de son prénom
J'écris les lettres de c'dernier dans les cendres
De ma peur qu'elle efface d'son rire tendre

Posées dans mon lit, des papouilles dans le dos
Elle s'est retournée et a coulé mon radeau
Mon cœur s'agita très vite
Comme entre deux sidérites
Alors, j'ai plongé dans la tornade
J'ai délicatement déposé mes lèvres
Sur les siennes, avec l'envie d'une orfèvre
Et son câlin empêcha ma noyade

Des sachets de thé sur la table du salon
Deux amantes récentes qui tournent en rond

Allongées, entrelacées sur un matelas
Les boucles de nos cheveux qui se confondent
Elle m'embrasse timid'ment et se blottit là

Contre moi, dans notre bulle, autre monde

Incarnadorable

Les nuages roses du soir me rappellent
Tes joues qui encadrent ton radieux sourire
J'assujettirai les mots pour te construire
Un palais de poésies et d'aquarelles

Je parle de t'ériger de grands monuments
Mais toi, tu as déjà bâti un refuge
Pour mon esprit timide et fuyant
Mon instinct de créature lucifuge

Quand je suis avec toi, mon envie de camphrer
S'estompe en admirant les jolies estampes
Que dessinent tes pas de danse dévorés
Par mes yeux qui, d'vant ta silhouette, rampent

Tu es une oasis de calme, de fraîcheur
Vastes étendues de pureté immense
Loin des tavernes de l'Enfer et d'leurs liqueurs
Dans l'désert dangereux de l'existence

Chaque geste, chaque frisson, chaque regard
Chaque trait, chaque courbe, chaque cellule
Tout est cuteness d'vant laquelle j'm'égare
L'adorable incarné, forte canicule

高天原 (Takama-ga-hara)

Les cœurs s'ouvrent lorsque se meurt le jour,
mes cicatrices sont à découvert et le froid s'y
insère, des cafards grouillent dans mon veau-cer

Les créatures paludéennes de la dépression
essayent de m'entrainer vers le fond des eaux
troubles, mais ta main me remonte toujours vers
les temples flavescents, demeure céleste des
étoiles

Tu es la muse lampadophore éclairant les débris
des nombreux palaces détruits de mon esprit en
ruine

Ton sourire nitescent et ta tignasse léonine sont
jalousés par les plus élégantes Fées des mondes
invisibles

Ta vénusté nourrit ma plume et les oiseaux du
Soleil s'envolent du papier

$unny Luv

Je t'emmènerai contempler les beautés festives
des nuits d'été, et devant les trésors ardents de
cette saison, je t'embrasserai jusqu'à perdre mon
souffle et ma raison.
Les astres défileront à toute allure dans chaque
direction, glissant sur la patinoire bleutée du ciel
nocturne.
Et quand le disque de lumière amènera avec lui
la fin du spectacle des étoiles, le matin frais
enrobera ton corps endormi de son léger drap
apollinien.
Inspirée par tes formes dévoilées, je
commencerai alors à écrire mille poèmes futiles
que je finirai par brûler.
Hypno, sous l'apparence d'une chaleur
assommante, me précipitera dans les mêmes
abysses que toi.
Mon corps blotti contre le tien, c'est ainsi que
j'achèverai de peindre ce tableau, par un repos
aussi éternel que mes écrits matinaux.

£¥$€

Partout où je vais, le péché m'accompagne
Je suis une bulle de champagne
Dans une pinte de bière à bas prix
Je veux m'évader et que mes sons soient repris

J'veux tout le luxe que mes écrits méritent
Je veux que dans leurs yeux, les flammes
crépitent
J'veux de l'or dès que j'kick, goldish aesthetic
J'veux un verger où faire des pique-niques

Mais plus que tout
Je rêve que sur ma musique tu danses
Et qu'l'émotion qui s'en dégage soit assez dense
Pour que notre union devienne l'égérie
D'un nouveau mouvement empli de rêveries

Naissance et Mort d'un Soleil

Je voulais devenir le $oleil pour les fans, la fame,
les femmes, les piscines d'oseille, les milliards,
les villas, les pétards par millions, les hectares de
plantations, les tapis rouges, mon nom en haut
d'une tour, un verger dans ma cour, les aller-
retour entre L.A. et Shibuya, la fiesta avec tous
mes gars, Mia Khalifa et les bijoux de Wiz
Khalifa, les billets verts, les concerts, les
tournées, le Dom Pé, les bouteilles de Belvédère,
les parties de poker dans la limousine, sur les
doigts plein de cyprine, des litres de lean, la
garde-robe de GD, du marbre dans la cuisine, des
soubrettes qui cuisinent mon curry, les sushis, les
soucis de che-ri genre trop de bagues pour dix
doigts, résidence à Prague, être au dessus des
lois, de l'or qui entoure le miroir, du lait de coco
dans la baignoire, les Nike léchées par tous les
crevards et les dépressions de star.

Mais je suis devenue le Soleil pour faire sécher
mes larmes et les tiennes, les larmes de ma mère
et le contenu de mon verre, illuminer nos corps
en fusion, réveiller dans les cœurs la révolution,
brûler le costard de Fillon, me poser délicatement
sur ta peau et la colorer, me refléter dans l'eau et

la réchauffer, apporter une lumière nouvelle, briller dans ton ciel, créer des arcs-en-ciel, te faire l'amour et mourir dans un ultime ébat, un dernier éclat pour devenir une nébuleuse admirée par les yeux de chaque muse.

II

Mort et Renaissance d'un Soleil

$$$ part.II

J'vais récidiver les récits divins en remplissant
mon récipient de vin sans penser à demain car la
devineresse a vu un avenir plein d'ivresse

$aejin $ung-$un
C'est sous ce nom que mes ennemis me
connaissent

Triple S barré
De l'or sur papier
C'moi qui vais gagner
Quoi ? Tu veux parier ?

$oleil appelé par ta dulcinée
Mais $oleil ne décroche pas
Nan, $oleil ne décroche plus
Espoir d'adultère calciné
Sorry ! Mais $oleil est au combat
$oleil a de l'inspi en surplus

Les humains courent après les billets violets
Comme les chiennes qui courent après ma queue
Chevilles enflent et engloutissent mollets
L'impression d'accéder à tout ce que l'on veut

Tu penses être une menace pour la société
T'émanciper du troupeau de moutons
Mais tu tombes dans le piège du berger possédé
$oleil pensait mourir en paix pendant la mousson
Mais renaît dans l'incompréhension

La vie est une tragédie grecque
Elle s'répète derrière le rideau
Les vautours ont du sang sur le bec
Et les carcasses pourrissent sous l'eau
La mula encrée sous ma peau

Le 666tème m'a tatoué
Matérialiste, je dois l'avouer
Les anges furent bien incapables
De me sauver
J'balance mes cartes sur la table
Pour les lovés

Money addict, mais malgré les appels de Lucy,
rien ne vaut une pussy gratuite
Le serpent referme ses mâchoires dans sa propre
chair sous la forme d'une ceinture Gucci

$hawty

Trop de bruit, j'veux m'évader d'cette vie
Shawty, j't'emmène dans un road movie
Partons loin bébé, c'est toi qui conduis
You and me, d'la beuh, roule d'jour comme de
nuit

Mille fois je changerais d'adresse
Si c'est pour suivre tes jolies fesses
Tes seins sensibles que je caresse
À l'arrière de notre caisse
Au bord des étangs de la paresse
À m'prélasser pendant qu'tu m'fais des tresses

Une oasis loin des potentielles groupies
Je suis euphorique sans être sous tise
Babe, fais tes valises et oublie tes soutifs
Tes courts cheveux que le vent ébouriffe

Sensualité et cuteness comme Boop Betty
Je prends ma plume pointue et j'écris
Sur les lunes de papier à quel point t'es pretty
J'embauche des rouges-gorges pour qu'ils le
crient
Sur les toits de n'importe quelle city

Drogue ou protagoniste
T'es mon héroïne
Trap house disquette, t'es ma codéine
Des heures à composer parfaite playlist

Don't look back, there's nothin' there
Forget the world, we don't care
I wish to be your billionaire

Divine Comédie

Le Soleil d'or devient d'un bleu froid, ses couleurs ardentes se ternissent, son éclat faiblit, prisonnier de l'étreinte des pythons de la jalousie, il étouffe, il suffoque, comme la flamme d'une bougie enfermée sous une prison de verre.

Ses rayons éclairent les vestiges d'une Poésie perdue qu'aucun autre astre n'arrive à faire ressurgir, une archimagie oubliée que la lumière solaire ressuscite, mais ces années passées à briller ont attiré l'Envie, terrible créature lucifuge attendant chaque ouverture pour attaquer furtivement.

Les plumes de l'hypocrisie flottent en orbite, formant un confortable —mais amer— duvet.

Les griffes de l'adversité rôdent la nuit et caressent de leurs pointes aiguisées la surface brûlante de l'étoile endormie.

Les crocs de la convoitise sèment dans leur sillage nombreux pièges, saisissant chaque occasion pour entraver l'ascension céleste.

Divine Comédie inachevée que doit traverser le Soleil pour fulgurer éternellement.

Trône de Vers

Un simple alexandrin pour tous les dominer
Triste, le royaume est infesté d'plumitifs
Des rimes retournées à l'état primitif
Gava, il n'y a plus le temps pour copiner

Depuis que j'suis né, ils veulent rembobiner
Ouais, ils ont peur que j'les bouffe en apéritif
Arrêtez vos écrits si niais et vomitifs
Ça m'répugne comme film d'horreur au ciné

J'vois beaucoup trop d'artistes autoproclamés
Un seul d'mes poèmes et c'est l'autodafé
Pour leurs bouquins, j'vais les brûler comme
cône

Fracassante arrivée, j'les ai endommagés
Drôle, leurs poésies sont mal orthographiées
C'était facile de s'emparer du trône

Cool Kids & Dead Presidents

Cool kid solitaire
Un matelas d'éclats de verre
Fuseau en forme de gélule
Bad spell volontaire
Évanouie sous la canicule
Cauquemar récite la formule

Les éternels enfants
Résidus de Peter Pan
Se lèvent brutalement
Pour monter leurs clans

Les politiques ont trop de rides
Pour être des role models solides
Mais j'aime malgré tout les présidents
Ouais, quand ils sont morts et dans ma poche
J'veux de l'or sur chacune de mes dents
Et trois fois la paye d'un ministre dans ma
sacoche

Enter the Trap part.II

La trap percute mes tympans
Le trap s'enclenche à tes dépens

Nightclub, Lyonzon
Trip sous les néons
Mais c'pas la fête des lumières
Truc chelou dans ma bière

La narcocratie et ses lois
Veulent que j'aille plus loin
Mais j'ai mé-fu assez de joints
Je m'échappe de la réssoi

Le climat devient zarbi
J'avance seule dans le zzard-bli
Sun recherche la CS02 pour s'évader
Et la Pierre Feu pour évoluer
J'ai mal au crâne comme un psykokwak
La société produit des psychopathes

Contrôleuse n'aime pas les propos qu'je tiens
Me demande de l'argent, devient odieuse
Mais j'ai bu trop de lean, j'n'entends plus rien
Si ce n'est cette instru mélodieuse
Le drop kick et j'cours

Titube entre les tours

Les 808 s'entrechoquent
Mon souffle se bloque

La trap berce mes virées, tard la nuit
Le trap me récupère, sous la pluie

late night sad mood

Je sirote limonade rose
J'imbibe rouge sang de glucose
Tandis que Ciel se métamorphose
Pour prendre une couleur sinistrose

Les pensées se bousculent, j'aimerais les effacer,
je connais bien trop de visages humains et pas
assez d'âmes, océan d'anonymes submergeant la
ville

La Noche recouvre les dunes
Je vois mon reflet dans la Lune
Le vent et les arbres discutent
La neige recouvre déjà les toits
Les étoiles frétillent dans le froid
Certaines s'abandonnent et chutent
S'extirpant de la voûte en accordant un vœu
Avant de s'évanouir dans le vide poussiéreux

Casino Céleste

Je me rappelle de ces soirs d'été
Sous la chaleur et sans toit, à errer
Seul dans le silence
Avec la lean comme unique amante
Je t'ai vue, j'ai tenté ma chance
J'ai glissé une pièce dans ta fente
Avec l'espoir de tuer mes craintes
De les fumer comme ces plantes
Qui sur nos poumons laissent une empreinte
Et qu'avec notre pied, on éteint
Des fleurs qui ne voient pas le matin

Je voulais aligner les trois sept
Comme Dieu alignant les planètes
Tu étais solitaire au milieu du raffut
Comme vie sur Terre, perdue dans son système
Je me suis présenté à toi, étrange intrus
Un météore dans ton atmosphère, un énième
La gravité a appliqué sa mécanique
Le lendemain, j'ai constaté l'astroblème
Des cratères sur nos cœurs métaphoriques
À la manière d'une étoile volée par le ciel bleu
Je me suis dérobé, tu as fermé les yeux

Les Astres Délabrés

Que reste-t-il de notre collision ?
Des pyramides enterrées et de l'or fondu pour
être revendu ailleurs.
L'héritage des pharaons s'est perdu.
Les fragiles plantes des jardins royaux ont dépéri
et les fruits sucrés du verger sont pourris.
Les capiteux parfums de notre bouquet révèlent
désormais une étrange parosmie, une
dérangeante odeur de brûlé.
Le vent emporte avec lui le pollen cendreux de
nos amours brusquement terminées.
De vivaces papillons viennent s'écraser contre la
lampe à huile d'une troupe d'archéologues
impudents, venus fouiller les sarcophages
intimes et autopsier les momies de notre relation.
Nos galaxies sont retournées au Noun sans que
Rê ne puisse les repêcher.
Milkomeda n'est plus qu'un immense désert
empli de vide, un vestige de rêve interrompu.

Printemps

Le début du printemps amène un vent d'aventure
qui fait bouillir mon sang.
Je prends mon sac à dos, un sentiment d'errance
me serrant le cœur, je marche sans but, mes pas
suivent un chemin disparu mais immortalisé, un
sentier fossilisé.
J'avance comme l'eau de la rivière, ignorant la
mousse poisseuse qui naît, se développe, et
meurt sur les mêmes roches froides.
Il ne me reste que quelques minutes avant que les
nuages voilent le Soleil.
La musique m'accompagne dans mes virées car
je n'aime plus le chant des oiseaux, ni les
chuchotements du ciel dans les feuillages.
Le Lointain et l'Inconnu m'appellent, ils crient
mon nom, je les entends malgré tous mes efforts.
Le Soleil finit toujours par se lever, peu importe
la noirceur de la nuit ou la blancheur de l'hiver,
il se lève toujours.
C'est ce que les humains espèrent.
Des draps de cotons ont enfermé le Soleil.
L'inattendu continue de hurler mon nom, mais je
reviens sur mes pas, je pars me cacher, je
m'enfuis.
Comme toujours, je cours.

Soft & Wet

Matins engourdis, afternoons fruitées, nuits
mensongères.
Peu importe l'heure, il m'arrive régulièrement de
tomber sur cet édifice cachottier.
Un somptueux palais aux façades roses qui
s'offre à moi, me supplie d'entrer.
Je saisis la poignée légère de sa porte et
m'introduis sans faire un bruit.
Le sol humide brille comme si rien ne pouvait
ternir son éclat.
Tous les volets sont fermés, laissant les bougies
éclairer chaleureusement le vestibule.
Les couloirs étroits forment un dédale mouvant
dans lequel j'aime me perdre.
Chaque pièce cache une nouvelle surprise, le
suspens grimpe et la joie d'explorer chaque
recoin de la bâtisse est si plaisante.
Progressivement, les murs se resserrent et leur
étreinte m'absorbe jusqu'à ce que je ne fasse plus
qu'une avec les entrailles du manoir.

My Funny Valentine

Oh... My funny Valentine
Could your arms be my shrine ?
First time, je t'ai approchée avec prudence
L'érotisme d'Aphrodite quand tu danses
Tes pas dessinent le mot « élégance »
Un charme qui ne peut être photographié
L'adorable et la volupté personnifiés
Ta bouche, coffre renfermant une voix d'ange
Dans tes yeux, les étoiles se mélangent
Ton rire provoque le mien, gèle l'Enfer
Envie de graver ta beauté dans la pierre
Ne recoiffe pas tes cheveux de reine
Désordonnés, ils éloignent mes peines
Des kisses aux saveurs saccharines
Oh... My funny Valentine

livE 3vil

Certains matins assomment la nuit calme de leur violente lumière, agressant mes lourdes paupières.

Je me lève et m'arrête devant ce miroir narquois qui reflète chaque détail, chaque défaut, avec une cruauté acerbe.

Son impitoyable retranscription me transperce, un autre monde dans lequel « live » devient « evil », un paracosme dans lequel Eninopé s'empare de la couronne.

Chaque zone d'ombre abrite une foule de doutes qui s'entredévorent dans la moisissure.

Comme ses lettres, les effets du xanax ne s'inversent pas, vicieux palindrome qui étouffe mes sens.

La glace capture mes frayeurs, photographie les signes de peur qui suintent de mon visage.

Est-ce donc derrière cette fine paroi de verre que le devil lived ?

Son empreinte imprègne mes sens, comme si il me regardait derrière une vitre sans tain, attendant son dû.

Numéro 28

Une balle, un grand sourire, Takeshi Kitano
On m'dit « Fais gaffe, la concu arrive poto ! »
Je regarde autour de moi et réponds « Doko ? »
C'n'est pas un séisme, nan ! C'est le pogo
Just pop a pill and fuck around like Tetsuo

Charisme et puissance, j'vais toujours plus haut
Je fais rougir Kaneda et sa moto
$ung-$un n'aura jamais assez de roro
Égo conditionné ma le-gueu, c'est chaud

Té-cla dans l'club, je sirote des cocktails
étranges
La jeunesse ne boit pas que du jus d'orange
Tout est à disposition pour dev'nir alcoolique
Les p'tits consomment des drogues
nanorobotiques
Loi BR, massacre sur fond de musique classique
Sur la plage, légère sonatine sur la rythmique

Ils rêvent tous d'habiter aux Bahamas
La vie est rose et cruelle comme Majin Buu
J'comprends qu'certains s'égarent dans la Magic
Blue
Combien s'font réanimer méthode Mia Wallace ?

J'ai les poumons de Gotenks, j'crache des
fantômes
Quand l'nuage magique s'échappe d'ma bouche
Sucreries pharmaceutiques dans une paume
Et dans l'autre, un pochtar rempli d'OG Kush

Le comptoir est sale et humide
Sûrement, le sablier se vide
Alors j'pars gagner du temps au Sahara
Ou dans la gourde de Gaara

Susanoo agite les vents du bout d'son sabre
Souffle candélabres, installe aura macabre
Sur le sol se répand la couleur du cinabre

Terminus au neuvième cercle de Dante
L'Anthropocène plonge dans sa finalité
De Néo-Tokyo jusqu'à Pandémonium City
C'est l'apocalypse comme l'a prédite la Pythie
La jungle de verre et d'acier est sans pitié
Système pourri dont les jeunes sont héritiers

Dans quartier de boxons crades, réunion de
parias
Derrière vitrine, des œuvres de Sorayama
Beaucoup auraient sacrifié encor plus que
Griffith

Pour un royaume, une couronne ou moins que ça
Tatoués par le crime, Shinobu Tsukasa
Nourrissant le Prince et ses maléfices

Envie de glisser des billes d'arsenic
Dans la galette des rois
Que le poison décime ces politiques
Qu'il détruise leurs foies
Agonie aussi lente qu'un flow trap
Liquide rouge s'étale sur la nappe

Du-per, je n'sais plus quelles sont mes valeurs
Je n'sais pas quoi faire de ma lifespan
End le monde façon Durden Tyler
Ou le dominer comme Belfort Jordan

Esprit tourmenté
Produit pour la transmutation
Bon pour la santé
Mauvais pour l'éducation

Tabou Alchimique

Mon cerveau s'est noyé dans liquide étrange
L'impression d'avoir festoyé en buvant l'eau du
Gange
Je viens tout juste de reprendre connaissance
Dans l'air environnant flotte un parfum rance
Je m'extirpe péniblement des ronces
Autour de moi... Mille cadavres pioncent

Père, dis moi où est-ce que j'ai atterri
Mes fleurs malades un jour seront-elles guéries ?
Violents trous, ma mémoire, elle est... Elle est
partie

Plein de corps jonchés sur le sol sale
J'pourrais m'en servir pour Pierre Philosophale
Flashback, alchimiste devant paternel bien pâle
À deux verres de basculer dans le mal
Produits chimiques se diluent dans l'encéphale

J'réunis les ingrédients, poussée par la fièvre
J'trace le cercle et les énergies convergent
J'ai l'application d'une orfèvre
La grande Porte devant moi émerge
La Vérité m'observe, le sourire aux lèvres

Mon cerveau s'est noyé dans liquide étrange
L'impression d'avoir festoyé en buvant l'eau du
Gange
Je viens tout juste de reprendre connaissance
Dans l'air environnant flotte un parfum rance
Je m'extirpe péniblement des ronces
Autour de moi… Mille cadavres pioncent

ƐTƐRNVL Llif3

Le sang d'A$AP Yams versé dans mon Graal
J'pars en vadrouille dans ma paire de Jordan
À la recherche d'une vérité en cavale
Hoodie Daily Paper, capuche sur le crâne

Je n'veux pas le luxe à tout prix
Seulement, la pauvreté me déprime
Ma mère mérite une prime
Des mois que je n'porte plus de denim
La hate et la love m'animent

Les mots et ta gow je manie
J'avance comme un papillon de nuit
Tard le soir, à chercher la lumière qui fuit
Dans les rues de Pandémonium City

J'bois une bière sous l'enseigne d'une droguerie
Jolie fille me d'mande si je n'ai pas un plug exta'
Dans mon phone, juste après avoir envoyé sexto
Jeune Flacko a jeté sortilège dans son iris
J'l'ignore et continue de gratter des textes
Afin que mes grimoires se remplissent

Dans mes poches, rien pour signer l'pacte
Mais dans ma sacoche, j'ai tous les artefacts

Jeffery Lamar Williams

Il est minuit, j'ai mal aux pieds
Je marche à travers la Vallée
De l'Ombre et de la Mort
De la trap en fond sonore
J'écris des poèmes
J'gribouille sur la feuille
Puis j'la jette, c'est la dixième
S'est endormi mon troisième œil

J'ai arrêté le xanny
Puis j'ai quitté Brittany
Mes poésies lui avaient plu
Car mes sortilèges toujours touchent
Incantations sortent de ma bouche
Mais mâchoires n'articulent plus
Marmonne comme Carti ou Jeffery
Destin sublime comme RiRi

Manier la violence et l'Art des mots
Dans la pourriture naît le Beau
Sous la cagoule, Arthur Rimbaud
Trafic d'armes, gun dans le joggo
Vision trouble, molécules d'éthanol
Cicatrice sur la main, sang sur le sol

My Nike's All Black

Nuit sans Lune
Soirée sans thune
Plusieurs logos, plusieurs pulls
Dissimulent mes lacunes

La neige tombe, les astres se sont cachés
Mes Nike sont noires mais elles sont tachées
The night is old, obligée de marcher
Formule magique inachevée, obligée de taffer

Des ambitions inquantifiables
Dans un corps instable

Les mouvements de jambes d'un mort-vivant
Les espaces infinis s'étendent droit devant
Chioné m'embrasse à travers le vent

Les lampadaires forment constellations
Érèbe et Nyx déforment les passions
Sur la Seine flotte plume d'Alcyon

Sept nuits pour devenir un Dieu
Sept heures pour qu'on y voit mieux

Déesse de la victoire, j'veux entrer dans ses
draps
J'ai son digit, mais elle ne répond pas
Jeune Flacko cherche encore sa place
En sweat ou en bord de mer, veut le Palace

À la recherche de l'Extraordinaire, dois-
j'abandonner ?

Pink My Adidas

Le Ciel se recouvre de douceur
Je pense à la culotte couleur vert dollar qui
m'attend
Les salves des nuages cessent, les canons
s'évanouissent
Le rideau noir tombe à distance du champ de
bataille
Le Peintre étale sa palette pastel sur le paysage
Ma veste est assortie aux teintes de la toile
Trois bandes tracent la ligne d'horizon au loin
Je retrouve dans une flaque cette ficelle d'espoir
que la tempête avait emportée par delà ma vision

Even if we'll never fly
Energy doesn't die

Centimes à 100K

Combien de fois je t'ai vu tombé ?
Combien de fois tu m'as relevé ?
Combien de fois j't'ai vu dans le bad ?
À déprimer, posé sur ton bed
Avec entre les lèvres un bédo
L'impression qu'on s'ra toujours ados
Et si jamais j'te tourne le dos
C'pour pas que tu finisses victime
Comme la pétasse de Scream

Le bout du tunnel s'approche à chaque rime
Soon, les 100K remplaceront les centimes
Des fois, j'aimerais t'empêcher d'être trop gentil
À tout le temps tomber in love des mêmes filles
Celles qui font que tu te recroquevilles
J'aimerais juste faire gonfler tes chevilles
Quand tu n'es pas là, j'oscille
Si quelqu'un parle sur toi, qu'il reste poli
Ton blase dans ma bio, c'est pas pour faire joli

On a comploté pendant des heures, des nuits
À en faire pâlir les illuminatis
Dans ta chambre ou la mienne, dehors sous la
pluie
À rêver d'llets-bi tombant comme confettis

En cachette, on en a roulé des tehs
Solidaires même quand nous manquait la déter'
Nous voir dans la merde
Putain ! Ça m'énerve
Accroche toi mon frère
J'voudrais pas te perdre

Seul, je suis du-per
Tu es là, Dieu ci-mer
En solo, je ne veux pas faire carrière
Je veux que tu sois mes backs à chaque concert
Nous deux sur le devant de la scène
La royauté sans toi n'en vaut pas la peine

Déphasée

Depuis que je suis gosse, je suis déphasée
Je n'me suis jamais reconnue dans leurs clichés
J'ai déchiré ces étiquettes qu'ils ont voulu
m'coller
En cours, je voulais m'évader
En buvant, je voulais m'échapper

Migraine constante me tape sur les nerfs
Pourtant, j'ai arrêté d'enchaîner les verres
Mais je crois que c'est déjà trop tard
Allume le teh dans la caisse et démarre
Roule de nuit et repense à nos galères
Bro, tu t'rappelles quand on a dormi dans une
gare ?

Trop de fake ass, trop de bâtards
Trop de drama pour R, j'en ai eu marre
J'ai pris un train et je me suis barrée
Où que j'aille, on me croit tarée

J'traîne dans Lyon, j'traîne dans Paris
Pas l'impression d'avoir une patrie
Je ne protègerai que ma fratrie
J'me suis éloignée de ma famille
Pour revenir sapée en Louis Vui

Je n'ai pas eu le choix, j'ai dû partir d'en bas
Enfant de pauvres comme Onizuka
Pas facile de faire une remontada
Gamine d'Argenta débarque à Safrania
Et vise le Plateau Indigo en baskets Puma

Enfant de Pauvres

Enfant de pauvres, j'étais ce mince et petit
gringalet
Qui rêvait d'avoir plus que les restes, les miettes
Enfant de pauvres, j'ai fait du Ciel étoilé mon
palais
J'ai relié les astres et aligné les planètes

Chaque hiver, le Blizzard frappait de sa forte
main
Contre les volets, et à travers les murs fins
Son souffle rauque résonnait comme un cri de
guerre
Enfant de pauvres, j'ai imprimé cet effroi dans
ma chair

J'ai vite compris à l'école, dans leurs regards
hautains
Que l'manque d'argent séparait les miens des
leurs
Les mères à la sortie, grosses marques sur l'sac à
main
Des ragots, des chuchotements mesquins, des
rumeurs
Maman, n'écoute pas ces tchoins, elles n'ont rien
Que noirceur et jalousie dans le cœur

Papa avait taches de plâtre sur tous ses futals
Mais aussi le charisme des grandes rockstars
Il ne m'a pas offert des nouvelles shoes ou un
costard
Il m'a juste appris à protéger ce que j'aime du
mal

Seul avec ma paire de baskets trouées et ma
haine
Le petit mouton noir ne doit pas tacher leur laine
« Mon stylo vaut plus que toute ta trousse »
Je l'ai mal regardé, il a eu la frousse

Grandi à deux pas du luxe, dans la hess
Avec une vue dégagée sur tes richesses
On vient du même endroit, pas du même monde
J'peux ressentir ta fourberie en un quart de
seconde

Je n'irai pas chercher du soutien dans c'trou
paumé
J'préfèrerais même mendier dans le tro-mé
Je suis habitué à ce qu'ils me dévisagent
Parce qu'ils ne comprendront jamais ma rage

Je n'retournerai pas là d'où je viens pour me
retrouver

Je suis un enfant de pauvres, c'est ma seule
identité

l'Étoile du Matin

Jeune poétesse pratique la magie noire
N'écrit plus des recueils mais des grimoires
Sous l'œil attentif de l'Étoile du Matin
Et des guerriers de l'Ordre du Sans-Lendemain
Ces Jamais-Été qui, de leurs tremblantes mains
Pétrissent et propagent le néant afin
De combler le vide, celui que l'on peut voir
D'effacer tout ce que l'esprit peut concevoir

La finité du temps rangée dans son tiroir
Tout ce qui fut ou sera, voilé de satin
Et elle feint, avec anxiété, ne rien savoir
Et elle peint un Soleil qui jamais ne s'éteint
Sous la plume se dessine un petit miroir
Empli de lieux cachés par une vitre sans tain
Entre les mots, les astres forment un couloir
Où s'engouffrent les rêves suppliant d'être
atteints

Il y a un gros monstre dans son armoire
À travers la serrure, on peut l'apercevoir
Dans l'interstice des fissures, tard le soir
L'insomniaque entend ses bruits respiratoires
Il est enchaîné par un jugement incertain
Et la peur instinctive de tous les orphelins

Si seule, elle lui apporte, malgré tout, son pain

La Forêt Vestigion

Au nord de la Route 205 se dressent
Des arbres formant une muraille épaisse
C'est la lisière de la Forêt Vestigion
Vaste et étendue, la plus grande d'la région

Labyrinthe naturel aux senteurs de pin
Le jour, des hoothoots se cachent dans les sapins
Une ambiance apaisante règne dans ces bois
Mais quand vient la Nuit, les mauvais esprits
festoient

Bien malchanceux est celui qui n'est pas sorti
De ce dédale sylvestre jonché d'orties
Avant que, le soir, se soit couché le Soleil
Jamais ici il ne trouvera le sommeil

Poursuivi par les rires d'un feuforêve
Nargué par les croassements d'un cornèbre
Il sera obligé de les fuir sans trêve
La Lune peine à éclairer les ténèbres

Il tombera peut-être sur le Vieux Château
Un manoir abandonné par son proprio'
Il pensera avoir trouvé un abri
Mais d'autres problèmes rôdent dans les débris
100

La dernière fois que je m'y suis rendue
Un majordome m'a accueillie dans l'salon
Un énorme bruit retentit… Qu'ai-j'entendu ?
L'homme s'adressa à moi : « Ce n'est rien,
voyons !
Allons voir ce que c'était si ça vous rassure… »
Et sortit de la pièce en traversant un mur

La Mante Noire

Les nuages sont des bandits volants
Volant les étoiles et leurs plans
Brutalisant le calme des feuilles
Avec leur tonitruant orgueil

Le vent qui les a amenés ricane
Et les fleurs juvéniles du square fanent
Des frêles racines jusqu'aux pétales
Transite un poison dont l'essence est létale

Dans le parc se fait entendre la balançoire
Par des grincements stridents qui brisent la
sorgue
Telle une église et la liturgie de son orgue
Pourtant, le souffle mesquin n'est pas allé la voir

C'est dans un coin épargné des lampadaires
Éclairé par la Lune célibataire
Que j'ai eu l'effroi d'assister à son festin
Moi et les astres, tous spectateurs clandestins

Au beau milieu d'une étendue de miasmes
Révérée par des arbres souffrant le marasme
Et des animaux couverts d'infects néoplasmes

La Mante Noire trônait sur son armée de phasmes

Comme le Matin qui unit la Nuit et le Jour

Cauchemar m'a réveillée très tôt, mais pas assez
tôt pour que je puisse consulter ma confidente.
La Nuit s'est déjà couchée, emportant son calme
et son silence.
Rancard raté, je suis partie errer dans les rues où
s'engouffre le jour.
Le Soleil s'est caché dans des draps de coton,
refusant de se donner en spectacle.
Les lampadaires s'évanouissent, et les restaurants
ouvrent leurs cuisines.
La pluie relie le sable et les cieux.
Ton premier message relie mon cœur à la Nuit.

Paper Moon

À l'heure où les fornarines se lèvent, je
transforme des post-it en lunes de papier.
Je suis piégé dans la gluante arantèle de
l'insomnie tissée par une Jorōgumo farceuse.
J'arpente le sol humide des forêts, les Tengu
bondissent de branche en branche, harcèlent les
pieux passants, m'ignorent et s'évanouissent
avec le vent.
Je traverse les feuillages, transperce la lisière
pour arriver sur les rives de la Mer des Humeurs.
Je pose mes lèvres sur la bouche d'une bouteille
déjà bien entamée et m'isole sous le regard
moqueur de Tsukuyomi.
Ma couronne d'or et de joyaux transformée en
triangle de papier, je poursuis mon épopée
nocturne le long de la plage de poussière, sans
laisser de trace dans le sable.
Je suis suivi d'un Shami Chōrō égaré, écarté de
son bruyant cortège, il joue sur ses cordes
désaccordées une ancestrale mélodie.

Alors que je fredonne de ma voix cassée, des
flammes s'emparent de l'horizon, les étoiles
s'enfuient dans l'azur, les Sélénites rentrent dans
leurs gris châteaux arénacés, et l'esprit musicien

qui m'accompagnait jusque là s'évapore sous la forme d'une myriade de bleus feux follets.

GBC

J'erre ivre et alone sous les discrètes aurores
Dans les criques d'un lac où pêcher des mots
Je regarde mon trouble reflet dans l'eau
Translucide comme une Game Boy Color

Problèmes et pensées sombres dans ma tête
Comme dans celle d'un japonais qui s'arrête
Dans les tréfonds d'la forêt d'Aokigahara
C'est le del-bor, pire qu'à Karakura
Eninopé chuchote des idées noires
Mais je n'veux pas me der-suici avant la gloire

Amour peut te mettre canon dans la bouche
Va demander à Kurt
Love et lové, un fusil, une cartouche
Au sol, te-tê se heurte

La Lune arbore un sourire ensanglanté
Témoin des meurtriers qu'les démons ont tentés
Je sors mon feu et técla clope sur clope

Yeuz rouges comme celui d'un téraclope

La couleur de ma lean est assortie
À celle du ciel arctique la Nuit
Labyrinthe de glace sans sortie
C'est l'État qui nous vend ce produit

Je lui ai dit des choses horribles
J'suis violent, elle n'est pas susceptible
Elle m'dit « Repasse quand tu seras sober »
Je tourne en rond dans les bois comme un stoner
En public, always en train de flex
Dans ma bedroom, d'la dope et du sex

Encore una Noche bercée par l'insomnie
Tout est la copie d'une copie d'une copie
Je trouverai le sommeil dans un Benz Truck
Ils veulent atteindre le level d'ma plume
J'regarde leurs vers, ricane et réponds « good
luck »
Ils veulent m'parler, j'augmente le volume

Je refuse d'être juste lu puis tèj'

108

Donc j'passe des heures à crypter mes écrits
Un peu partout, j'dissémine des pièges
Xtes-té déchiffrés, étudiés comme du sanskrit

J'ai les bras écorchés par les ronces
Des relations sans question, sans réponse
La money ne rachète pas le temps passé
Les regrets d'un triste été, entassés
Dans mon appart', ma chambre, mon bendo
Pourquoi parler dans l'dos ? Laissons ça aux ados

Trop d'soi-disant amis m'ont sorti des songes-men
Que ma ronne-da pour m'dire des tés-véri
J'entends compliments puis j'entends
P'tite voix me dire : « On t'ment »
Un imaginaire qui ne peut être guéri

Le Soleil se lève, je reprends ma couronne
Mais triangle de papier reste caché sous l'or
J'ai tté-gra quelques sortilèges dans mon phone
Grimoire s'remplit entre dorures et dures-or

Dus-per dans un dédale de cellophane
Ils font des garrots en coupant le fil d'Ariane
Leur hypocrisie me donne mal au crâne
J'les rappellerai quand j'aurai gobé six xans

Gyldenhal

Accumuler les butins et ériger un palais doré au fond de la toundra, comme un souverain viking en fin de vie.

Des armureries serties de joyaux, des pierres précieuses décorant nos bijoux.

On veut l'or de la Reine, gourmands d'argent et dangereux.

Les Dieux nous narguent et ont vue sur les sabliers de nos existences, le toucher de Midas pour figer nos âmes dans le Temps.

Flacon

Cette meuf me call Flacko
Du Dior dans le flacon
Mais je ne suis pas con
Nan… Je n'la rappellerai pas demain
Sur ses fesses, y'a mes deux mains
J'lui ai enlevé son air hautain

Entre elle et moi, il y a un fossé
Cette salope m'a gossé
Au pied du mur, adossé
Je suis guidé par les démons tard la Noche
Cherche deux ou trois gueules à amocher
Sur mes défauts, j'aimerais bosser
Mais Lucifer m'a coincé
En me montrant, un soir glacé
Qu'à chaque instant, Shinigami peut te faucher
Et croque-mort sur son registre te cocher

J'm'accroche à la Nuit comme évidence
Pas envie de finir noyé dans la démence
Alors je ralentis la cadence

Bitches veulent ma semence

Dans Pandémonium, ville immense

À travers les murs, j'avance

Comme fantôme en pleine errance

Venu sur Terre faire office de balance

J'garde l'équilibre entre magie noire et magie blanche

Je les vois, malédictions dissimulées dans les manches

Peu importe le mauvais œil, tous finiront entre quatre planches

Tony Montana

J'écris des crimes, Brian de Palma
Il neige dans les beaux quartiers, Tony Montana
J'crypte mes écrits, Élie Yaffa
Jolie plume est devenue sabre
Mise en scène macabre
Je veux assez de cash
Pour embaucher le majordome d'SCH

Skrt ! Skrt ! Initial D dans les virages
Mes frères roulent vite et ont les crocs
Rêvent des cocktails et d'la plage
S'prennent coups de couteau pour vingt euros
Économie criminogène donne la rage
Présent construit sur de sales images
Des statues héroïques pour des politiciens
Financées par le passé et l'or africain

Que l'on soit noir ou blanc
Amer reste le béton
Tête sur le sol, nez en sang

Mais encore loin de la be-tom

Peu de vrais amis savent ce que j'éprouve
Et il m'a fallu du temps pour que je les trouve
Dans la pénombre, j'vois ton contour
Tu veux t'attaquer à moi, choisis bien tes moves
Tu risquerais de passer de la cour
Au fond des douves
Les deux pieds dans le ciment
À prier que le Ciel soit clément

Observe l'horizon, tu vois le tableau ?
La fumée est blanche comme poudre de Pablo
Et mon cœur noir comme ville sans héros
Où les cris ont pour réponse l'écho

Regards tendus, impasse mexicaine
Je t'envoie visiter la Soul Society
Ton âme purifiée de toute haine
Ton cadavre sur le sol d'la city

Kraaken, Vega, $aejin, Épo Flacko
De mes doutes proviennent mes alter ego

Mon âme contre tout ce que ça vaut
Je me demande si c'est un bon taro
J'espère que tu ressens mes paroles, mes mots
Que je n'vide pas tout mon chargeur dans l'eau

Audemars

J'ai fait cauchemar, blottie dans le froid
J'avais Audemars au poignet droit
Et menottes brûlantes au poignet gauche
Une agonie lente, des douleurs se chevauchent

Je me suis réveillée, j'avais si faim
Le fossile de mon rêve dans la main
Le temps est compté et je suis incertaine
Perdre sa vie à la vouer à une quête vaine

J'commence à voir mes défauts avec exactitude
Aussi précise qu'une Jaeger-LeCoultre à 100K
Je les dissèque, en fais une sombre étude
Je remplis grimoires en stagnant en bas

De plus en plus de temps mort dans ma vie, j'ai
peur
Mon bracelet n'est pas réglé à la bonne heure
Je regarde le sable s'amenuiser
Fixe les aiguilles doucement s'épuiser

Le cadran solaire suit de près mon chemin
Et ce jusqu'à ce que la Nuit l'arrête
Je me referme comme une Tissot Savonnette
Isolée du regard des autres, ces êtres mesquins

One Outs

Tout va trop vite dans ce monde de baisés
Perdre la vie pour un sac LV, demande à Jahseh
J'ai les crocs comme lycaon sur mon jersey

J'attends le contrat qui m'fera sortir d'la misère
Pour l'instant, pas l'choix, j'connais qu'le feu et
le fer
Plusieurs tours d'avance, mais je préfère la sieste
J'pourrais réussir sans tricher, sans rien faire
Mais j'ai quand même antisèches pour le test

Une infime chance n'est jamais zéro
J'lance la balle comme un pro
Regard cerné mais toujours les crocs

Spirit Gun

Toujours après le titre de Roi
J'vise le Ciel du bout des doigts
Bourré d'énergie, des Adidas
Jusqu'au bout de la pompadour
Jamais premier de la classe
Le plus talentueux aux alentours
C'est la hess
Il me faut plus de pièces
Pour le Railgun
ESPer en galère de thune
Mais j'ai confiance
Victini dans ma pokéball
Et ramen dans le bol

Les belles lettres

À celui qui, d'un air satisfait, prétend
Aimer les belles lettres et la Poésie
Et accuse mes rimes d'un langage trop fleuri
As-tu oublier les bouquets jugés indécents
Qui composaient Les Fleurs du Mal et ses litanies ?
N'as-tu jamais ouvert Alcools, adolescent ?

Ainsi, je ne peux exposer de la sorte
De la pointe de ma plume jusqu'au papier
Mes péchés d'orgueil et de fierté
Tu as besoin de jolis mots qui te confortent
Et les poèmes ne sont pas la cour des grossiers

Malheureusement pour toi
Je suis le pornographe
Des vers et des paragraphes
Et j'étale vulgarité en brandissant mon doigt
Haut dans le ciel d'azur et de vents froids

Sous-culture

Mon imaginaire s'est perdu tel un bateau ivre
Loin des classiques que la Nation a voulu m'inculquer
Et tu m'entends chanter « Va t'faire niquer toi et tes livres ! »

Je suis la honte de l'éducation
Le symbole de la culture en dégradation
Mes références viennent du Bronx et du Japon
Et les intellectuels ont écrit des bouquins sur mes nouvelles addictions

Je suis un analphabète sans repère
Mon enfance se résume par trois mots de vocabulaire
Et pourtant, ma génération ne sait pas se taire

J'compare Playboi Carti à Mozart
J'compare Bleach avec Hamlet
Je dis d'la merde pour provoquer les regards

Mon cerveau a été lavé par internet

J'écoute de la trap, du rap violent qui ne dénonce
rien
J'en ai R à foutre des alexandrins
De toute façon, j'ai arrêté les maths en CE1
Et je ne compte plus, j'écris comme ça me vient

Volupté

Les bras rayonnants du Matin s'étirent avec toute
la volupté bienveillante des déesses du Jour et de
la Lumière, révélant les secrets que gardait
l'égoïste Nuit sous son manteau de fourrure
tachetée et ses bottes à talons aiguisés.

Par la fenêtre du motel, elle jette un dernier
regard sur la longue artère de bitume qui fend en
deux une épaisse toison de verdure sauvage.

Cette blonde à la vénusté brisée a le nez rempli
des caresses du Malin et l'entrecuisse empli des
maladresses du malsain.

Le rouge à lèvres qui habite ses veines
bouillonne encore sous sa froide peau blanche
comme la poudre qui tapisse ses narines.

Les cieux se teintent du même bleu qui enferme
les paupières de la vierge aux mille fleurs.

Le Voleur de Feu, sous sa forme la plus évoluée, ferme délicatement de ses doigts fins les yeux de l'enfant à la pureté volatile heurtée par le voltage des barreaux de sa cage.

De la pénombre, il ne reste qu'un mégot dont les volutes s'évaporent jusqu'aux vallées des Valkyries.

Present Day, Present Time

Les questions sont légions
Réponds… Avant que ne se referment mes
lésions
Tu as le sourire d'un ange heureux
Et des liaisons dangereuses
Tes explications sont fumeuses
Les ruines sont encore fumantes
Jeune délinquante
Coincée entre quatre murs d'amiante
Torturée entre plusieurs amantes
Les corbeaux sont dans l'attente
Ils ont faim, les amours sont démentes

Frisson, tremblements, les souffles se coupent

Stress, violence, partent les coups
Et les paroles se coupent

Liquide violet coule
Deux roues, l'engin roule
Film qu'un grand fou réalise
Renverse la tise
Et toute la simulation freeze

Les ttes-cha sont exquises
Les meurtres sans excuse
Les crimes sont des muses
Les lumières sont méduses
Personne ne mérite médaille
Âme en peine hurle entre les failles

Entre les grillages, je m'abandonne
Est-ce que cette version est la bonne ?
Dans le Wired, tout se questionne

J'ai des aliens dans ma bedroom
Des fantômes dans mes pupilles
Des visages sur lesquels je zoome
Mais rien à faire, vide est la coquille

Mon nom apparaît sur tous les écrans

Mon portrait s'incruste dans l'passé et l'présent

Entre les lignes de code et les lignes de coke

Mon reflet dans cup de codé et dans disque de
rock

Magie noire à partir d'un émulateur

Aucune des horloges n'indique l'heure

Des décombres ne restera que l'Art

Tu réalises enfin mais c'est déjà trop tard

Hell Verse / Project MK-ANGEL

Voix menaçante dans un interphone
Réunion secrète dans un gratte-ciel
Vidéo de complotiste dans un iPhone
Œil de Sauron dans un logiciel
Série d'équations complexes dans un ordinateur
Pour calculer une prophétie artificielle
Eschatologie dans un émulateur
Pour simulation à grande échelle

Bientôt dix milliards dans le purgatoire
J'verse dans la magie des mots, la magie noire
Inexorablement attiré par le luxe et l'or
Confesse mes travers sur papier exutoire
Après chacun de mes écrits, interrogatoire
Suis-je mandaté par Baël ou Valefor ?
Nan, j'n'ai pas versé sang pour somme dérisoire
Sinon sur les Champs, tu pourrais m'voir
De la tête aux pieds vêtu de Christian Dior

Je ne fais qu'écrire ce que mon âme aperçoit

Essayer de comprendre l'Univers et ses lois
Piocher jusqu'à tirer les cinq parties d'Exodia
Les mêmes visions qu'un patient du projet MK-
ULTRA

ARTICHOKE-BLUEBIRD-NAOMI-SEARCH-
CHICKWIT-OFTEN-MONARCH

Complexe militaire perdu dans désert de glace
Expériences interdites dans le lab'
Tous les satellites sont en place
Alignement d'étoiles dans l'astrolabe

Le globe terrestre entre les mains de l'Ami
Assassinats, sectes, armes biologiques
Œil dans la paume pour réseau mafiosique
Dans le Cahier des prédictions, tout est écrit

Heavy Weather, contrôle de météo
Harpe pour jouer la mélodie des vents
Réfraction de lumière, grêle, ouragan

Perturbation des ondes radio

Crimes de guerre pour le Grand Œuvre
Pierre Rouge confiée à Solf J. Kimblee
Limousine, belle montre, beaux habits
Explosifs nécessaires à la manœuvre

Dernier chapitre du Codex déchiffré
Assemblage de syllabes prohibées
Consomption des astres accélérée
Sortilège de la Chute de l'Ange activé

Requiem de l'Ombre

Une chanson s'arrête, manque d'oxygène
Sous la pluie qui commence
Une dernière fausse note vaine
Qui accompagne une ultime danse

Deux âmes en peine
Pleurant sur la même fréquence
La chorale des rouges-gorges n'est pas sereine
Et se faufile à travers le Silence

Trois ombres aux portes de la Géhenne
Tremblantes et sursautant de vigilance
Sous le regard de la Nuit souveraine
Le Vent porte l'odeur de la Pestilence

Tranchée

J'traîne toujours dehors à l'heure des sombres
rites, illicites

La Nuit m'attire et je me sens plus libre lorsque
le Ciel s'obscurci

Je serais né dans le luxe, je n'aurais pas aimé le
Gucci

Je serais né dans le 93, je n'aurais pas aimé le
goût du shit

J'ai poussé comme une ortie

Au milieu des roses si jolies

Je n'ai pas eu la pire des vies

Pourtant, ma haine a grandi

Les élites font semblant d'être endormis

Parlent comme si l'esclavage était aboli

Jusqu'en Chine, même jusqu'en Lybie

Je n'ai pas de message à faire passer

J'étale juste des faits, des affaires non-classées

T'façon, j'suis invisible comme espèce menacée

La Nuit est blanche comme ma peau

Blanche comme la poudre dans le nez de ces escrocs

On vendait aux gosses de riches la résine de cannabis

Pendant que leurs darons vendaient âmes à Iblis

Petit, la Mort s'achète en petits sachets

J'ressors du centre Pokémon avec les cachets

Si ce texte est sale, c'est que je suis amoché

Fuck, pourquoi la vie ressemble à une tranchée ?

J'suis fatigué, un dernier vers et j'vais m'coucher

Vasto Lorde

La cour du Roi aux mains sanglantes se prépare à chasser, et je peux entendre au loin le rugissement de ses proies.

Les démons des nuits égarées frappent à ma vitre comme la pluie de l'orage qui fouette mes carreaux.

Les reflets ont disparu des miroirs, des marques de canines dans la chair et des affrontements bestiaux.

Las Noches

Je reviens toujours ici au final, Las Noches et son ciel d'un bleu si faux.

La luminosité faible dissimule nos intentions, et ces bâtiments couvrent de pierre nos péchés.

Sur le toit d'une tour, j'observe l'extérieur et son horizon de sable blanc, éclairé par la Lune difforme et figée.

Des créatures noctivagues abandonnées dans un désert, dont la faim torture l'âme.

Ainsi nous sommes invisibles et armés, condamnés au combat et à la prédation.

Gran Rey Cero

J'erre dans la nuit comme un vigile
Les allées sont chill, il est minuit pile
Je suis loin des envies de kill

Las Noches, rien dans les pockets
Paresse, Ivresse, je m'ennuie dans la fête
Je rentre dans le palais, nouvel Espada
Les masques sont tombés, c'est la mierda

J'ai tenté d'apprendre à m'battre sur un tatami
Finalement, c'était après les cours, à la sortie
Quelques plus grands, le nombre comme stratégie

Fiesta de Guerra, du sang sur les mains
Dégaine ton sabre si tu fais partie des miens
Clavar la Espada, ce monde est cruel
Tiens toi à la bonne distancia pour un duel

Une plage sans mer, un désert de sel

Des arbres morts, racines enfouies sous calcaire
La Solitude se mélange à la Colère
Mais la Lune reste toujours si belle
Et sa lumière caresse tes séquelles

J'ai peint la Violence et la Haine à l'aquarelle
J'ai brûlé mes toiles et jeté mon hydromel
Je reste sobre pour mieux voir la Bête
Envers la Pauvreté, j'ai une dette
Elle m'a appris à ne pas être trop bête
Si j'veux m'en sortir et remplir l'assiette
Elle m'a appris que la Mort s'achète en petits
sachets
Écoute petit, la Mort s'achète en petits sachets

Arrancar, debout au milieu des ruines
Vois le ciel noir à travers ma poitrine
Dans les couloirs du manoir, la lame est taquine
Je t'ai perforé le cœur, le crime est signé
« Éponine »

III

La Guerre des Sans-Lendemain

Sternritter

Les vies sauvées par la Bonne Fortune seront ôtées par la même quantité d'Infortune.

Ainsi, de la pluie salvatrice étouffant l'incendie, le fleuve va se nourrir et engloutir les derniers bâtiments debout.

Dans l'ombre de la cité des Dieux de la Mort se cache un Empire Invisible.

L'invasion est à leur porte et le prix de leurs péchés s'élève à plus onéreux que leurs vies.

Les Chevaliers Étoilés de l'armée des Jamais-Été posent leurs pieds dans le ciel vierge, surplombant le plus grand des champs de bataille.

Les archers vêtus de manteaux achromiques déciment épéistes et bretteurs d'une salve de flèches enflammées.

Les Faucheurs d'Âmes anéantis par les Saint Lettrés, descendants du monarque enfant d'un Roi primordial.

De trismégistes croix de lumière s'élèvent dans les cieux, et les Élus, couronnés de halos bleus et étirant leurs ailes sacrées, survolent les impies.

Une purge violente éventre les troupes, un
régiment de soldats aux blancs uniformes, dirigé
par la Majesté au mille yeux, desquels se
reflètent dans de profondes pupilles une infinité
d'avenirs sanglants et un rêve d'avenir sans peur,
plus aucune.

Bazzard Black, Schrift "H" — "The Heat"

Des flammes sur le champ de bataille
Les viscères s'éparpillent comme feux d'artifice
La chaleur de l'Enfer dans mes entrailles
Humeur pourpre s'extirpe de mes cicatrices

Entre les murs du château
Deux amis d'enfance s'entretuent
Ange sacrifié sans halo
Contre séraphin incorrompu

Il est temps de se dire adieu
Amitié sacrée
Trahi par mon Dieu
Religion trichée

J'ai dans le cœur
Douleur infernale
Je n'ai pas peur
De t'infliger blessure fatale

Tes beaux habits blancs
J'vais les tacher de sang
Griffe, arbalète, épée, je t'attends
Sur mes cinq doigts, en comptant
Liquide bouillant dans mes veines
Je t'attends, les yeux remplis de haine

« Wie ein Bruder »

Mugen et Jin

Une longue épée pleine de sang
Un tranchant dont le talent est agaçant

Des pas chaotiques et une lame rouillée
Des crocs souriants, des semelles d'acier

Des sabres usés, manipulés par la jeunesse
Deux chiens qui ont échappé à leurs laisses

D'un regard, l'instinct les a alertés
Une désorientation vite remplacée
Par une excitation immense qui les dépassait
Une seule envie, un désir qui les tracassait
Vérifier si ils pouvaient se surpasser
Jusqu'à s'entretuer

Dégaine tes griffes, affronte moi
Inutile de s'encombrer de sélection
Pas un seul ne passerait les qualifications
C'est déjà la finale du tournoi

Les yeux se plissent sur le visage pâle
De l'héritier déchu aux cheveux noirs
Un sourire s'dessine sur les mâchoires
Du vagabond qui a enfin trouvé un rival

Morgiana

Mon esprit s'est brisé dès mon enfance
Mes pieds ont dû traîner de lourdes chaînes
Ma mâchoire s'est refermée sous la haine
J'ai dû tirer de mon passé ma puissance

Mes jambes puissantes ne traînent plus
d'entraves
Mais dans ces châteaux et leurs caves
Se font encore entendre nombreux esclaves

Lions déchus et dépareillés
Peuple fort et puissant
Asservi et déshonoré
Vendu et trafiqué
Aux mains des arrogants

Des liens serrés étouffent leurs cous
Restreignent leurs muscles, et les obligent
À marcher lourdement, roués de coups
Leurs yeux rouges, aussi ternes que des vestiges

146

Cassim

Je dégage une énergie sombre
Les passants évitent mon regard
J'cambriole quand il se fait tard
Caché par la complice pénombre

Quatre heures de sommeil par nuit
Je dors mal, parano comme OG
Dans le bidonville fermente la haine
Les aristo' nous dévisagent quand on traîne
Je sais bien qu'ils n'aiment pas nos dégaines
Le seum et la rage comme PNL
Les pieds blessés, aucune semelle

Il y a un abîme entre toi et moi
Je suis fils de rien, t'es fils de roi
On est pas fait du même bois
Obscur artefact entre mes doigts
Je vais répandre un chaos sans loi

Onibaku

Je regarde nos ombres devancer nos pas
On s'écarte de toutes ces messes basses
Plus rien à foutre si ils ne nous aiment pas
Toujours été les élèves chelous au fond de la classe
Mais c'est au fond de la classe que tout se passe

J'ai toujours eu des briques dans le backpack
On fuguait la cantine pour grailler au domac'
Combien de fois j'ai fini tête dans la flaque ?
Combien de fois je m'suis relevé pour fight back ?
Des heures devant le miroir avec ma laque
Banane décolorée à l'ammoniaque
Les volets fermés, un peu paranoïaque
Je rêvais d'une plage paradisiaque
Loin d'mes ennemis, sur le cuir d'une Cadillac

Au fond de la file, les pieds qui traînent
Les pions et les profs n'aimaient pas ma dégaine

Alors je séchais les cours pour zoner, armé d'un bokken

Les grands voulaient m'faire peur, mythos par centaines

Mais j'ai apprivoisé le croque-mitaine

Le sake à quatorze ans pour noyer la peine

Un chien fou entravé par un collier de chaînes

Mais j'ai la liberté qui coulent dans mes veines

J'allume le moteur et plus jamais je n'freine

Le collège et le lycée sont derrière

Mais la haine est restée, arrière-goût amer

Je crie sur les toits, j'en veux à la Terre entière

Pour m'avoir fait grandir dans la misère

J'allume une clope avant d'repartir la faire

J'parle de la guerre, la guerre, la guerre

Stiyl Magnus

Cigarette entre les mâchoires
Vêtements monochromes, noirs
Je marche entre les gratte-ciels
Recherche un pécheur criminel

Des flammes dans mes artères
Je suis la passerelle
Entre les mortels
Et les Enfers

Prêtre de l'Église du Mal Nécessaire
Floues sont les raisons de mon cœur
J'éparpille les runes, tu trembles de peur
Formule récitée, le brasier laisse apparaître
Innocientus, Roi des chasseurs de sorcières
Hurlant à l'idée plaisante de se repaître

J'ai brûlé tes restes
Dans une étroite ruelle
Mon âme en gardera les séquelles

Le jour du dernier test

Grimmjow Jaegerjaquez

Des crocs, des griffes, la rage
La haine coincée entre les mâchoires
Un masque, un sabre, une cage
L'instinct qui hurle chaque soir

Dévorer, tout dévorer pour continuer d'exister
Entre les motifs de ma fourrure tachetée
J'garde mes cicatrices pour me rappeler
De tous ces ennemis que j'ai détestés
Faire la guerre jusqu'à être le dernier
Debout et haletant dans les tranchées
Sur une montagne pourpre de corps
Je t'arrache le cœur sans même un remord
Le Roi, le seul, dans un désert mort

Äs Nödt, Schrift "F" — "The Fear"

Vision trouble, le cœur serré, mélange chimique se répand dans ton corps.

Vomissements, frissons, nuée d'insectes rampant sous ta peau.

Une peur instinctive te tripote les viscères, et des gouttes de sueur perlent le long de ton dos.

Les embaumeurs videront ta carcasse de ses entrailles.

Peut-être que la Peur de Dieu finira par remplacer ton instinct, et tu maudira ta religion.

Ainsi, la foi dévorera ta raison, et ton cerveau, empli de concept abstrait, pointera sa lame à ton cou.

Tombe dans la mâchoire béante de l'effroi, les yeux d'un Ange à l'auréole pointue et au thorax maigre jugeront tes péchés.

Et comme le Dieu des Chevaliers visitant l'Ange sur son lit d'hôpital, et qui d'une Lettre gravée sur son âme, le libéra de sa Peur, l'Ange mettra fin à tes angoisses, déchiquetant ton corps et éparpillant tes restes sans vie sur un sol froid.

« Angst vor Gott »

Judal

J'ai le regard mesquin, le visage pâle
Sourire narquois, j't'ai injecté venin fatal
J'ai Pierre Philosophale au bout de la baguette
Je suis l'obstacle principal de ta quête
J'complote, j'complote pour ta chute
J'veux orner mon cou des diamants les plus purs
Ce monde est un labyrinthe
Et il y a plein de sang sur les murs
La plupart d'mes attaques sont des feintes
Pour te détourner d'mon vrai but

Je n'travaille pas pour Dieu
Pas pour le Diable non plus
Pour ne pas tomber des cieux
J'ai corrompu les flux

J'me suis infiltré dans le coffre-fort de la Vérité
Ce que j'y ai vu, je préfère l'oublier
Mentalement, t'as les jambes liées
Quelqu'un a mit de la cocaïne dans le sablier

Le temps est compté

Tu vas très vite tomber
Surveille tes arrières
Car des faux frères
Visent ton dos, vont te plomber
J'ai déjà tout prévu, même ton plan B

Sombre Magi tah Judal
Je manipule les fidèles
Fait fondre l'or du Graal

Sombre Magi tah Judal
J'tire les ficelles
J'arrose les fleurs du mal

Nurarihyon

La Peur maintient l'équilibre de nos deux
mondes
Une centaine d'esprits dans les rues de Tokyo
Chantent et s'enivrent pendant leurs rondes
Ils terrifient même les samouraïs et daymios
Le respect ne se gagne guère par le ryō

Tu penses être mon ennemi mais tu n'es qu'un
pion
Une pièce du puzzle de mon ascension
Mon clan rentre dans la mêlée, invocation
J'ai le cortège funèbre pour attirer l'attention
Kimono noir, cheveux longs, incantations
J'agis dans l'ombre, je suis Seigneur yōkai
Nurarihyon

Tokuchi Tōa

Numéro 77 floqué sur les sapes
J'rentre sur le terrain avec de la trap
J'ai les yeux cachés par la visière de la baseball
cap

J'réunis toutes les conditions adéquates
J'enchaîne les figures de styles comme acrobate
Fais belek si tu n'veux pas goûter à la baseball
bat

Le vocabulaire est fat, obligé de me maîtriser
Pour pas vous égarer, vos esprits médusés
Cœur méfiant et couteau sous le baseball jersey

J'en ai marre de jouer avec ces traînées
En trois lancers, t'es out, éliminé
Mon équipe passe en attaque, bien entraînée
Balle rapide, homerun, la partie est terminée

Kaname Tōsen

Le guerrier aveugle a l'avantage de ne pas pouvoir sous-estimer son adversaire.
Il ne peut se fier qu'à la soif de sang qui émane profusément de son ennemi.

Le handicap fut son maître d'armes, les portes de la Mort son académie.
Pour survivre, ses reflexes ont dû dépasser la vitesse de la lumière qu'il ne peut voir, et son ouïe perçante distingue à travers le chant des criquets une flèche décochée par delà la colline.

Il agite sa lame dans l'espoir de chasser les nuages du ciel nocturne, pour poursuivre le rêve d'un ciel étoilé qu'on lui contât un soir avec tant de passion.

Il marche à tâtons dans des ténèbres indescriptibles, et brandit son sabre avec peur, une peur humble qui forme les fondations de son honneur et de sa justice.

Wabisuke

Un sabre baissant les yeux, à la manière d'un
pendu
Se tordant de douleur, courbé d'angle droit
Il juge tes crimes et découpe ton âme
Les péchés alourdissent ton corps et ton arme
Le poids de ton épée démultiplié par ta
culpabilité
Brûle tes ailes dans les flammes du combat
Jugement impitoyable, ta tête, tranchée par la
lame, roule sur le sol

Hirako Shinji

Happō Fusagari
Sakashima Yokoshima
S'entretuent les amis
S'inversent les climats

Mon attaque vient-elle de devant ? Derrière ?
Chaque instant nous rapproche de ma victoire
Arrogant, est-il trop tôt pour croire ?
Sourire sous mon masque funéraire

Seul mon sabre reste tranchant
Sous le stress, ta vision est étroite
Le haut, le bas, c'est irritant
La gauche devient la droite
Ta réalité s'effondre subitement

Askin Nakk Le Vaar, Schrift "D" — "The Deathdealing"

Ô Fatalité ! La Mort me boude…
Je joue tout le temps avec elle, mais rien n'y fait.
Je m'amuse avec les doses létales, goûteur de
Dieu, j'empoisonne ma religion.
Toutes les flammes de ton artillerie déchaînées
sur moi et pourtant, par de cruelles mécaniques,
j'avance nonchalamment hors de la fumée, me
recoiffant, frottant mes habits pleins de
poussière.
Quelques brûlures, quelques égratignures,
quelques secondes pour qu'elles disparaissent. Je
m'écarte de plus en plus de la Mort, je le sens…
Quant à toi, n'attends aucun miracle, tu maudiras
ton propre sang, nul antidote ne sauvera ta vie
des vices de mes cadeaux.
Je transforme l'eau, l'air, l'éther, ou tout autre
matière, en venin pour toi qui veux me réunir
avec la Mort, personne ne me l'offrira si
facilement…
Ô Fatalité ! Même le cœur arraché, tu continues
de me faire patienter, durant une poignée de
secondes qui paraissent une éternité.

« Gift Bad »

Ganache Nighthawk

La Lune et sa chevelure noire
Me raconte ses histoires
Je lui expose mes cauchemars
Emplis de monstres hagards
Sous un arbre témoin de mes premiers pas
Mon souffle pénible s'engouffre dans
l'harmonica
Tandis que mon sang maudit bouillonne
Ce dernier s'étant mélangé à celui d'un Enigma
Cruel spectre aux entrailles de carbone
Dont les restes jonchent le long de la rivière
Souvenirs d'un effroyable combat
Aux aboutissants délétères
La magie vole en éclats

Le Docteur

Un nom que l'on choisit est comme une promesse que l'on fait.

Sous ce ciel rempli d'astres, j'ai fait rimer les étoiles avec les nuages.
Allongée dans ce lit de verdure, j'ai fait chanter les brins d'herbe à travers la vallée.
Recroquevillée entre quatre murs froids, j'ai fait résonner les brouillons et les esquisses.

Vous m'avez appris que les chansons sont éphémères, mais que leur histoire ne connaît pas de fin.

J'ai passé des mois à chasser ces chimères qui rendent visite à ma conscience et peuplent mes visions.
Des centaines de vies de papillon.
Un fragment de grain de sable dans le désert du Temps.
Un atome dans l'océan de votre vie.

J'ai cherché la recette de la Pierre Philosophale, la formule qui ordonne au Temps de s'arrêter, le poème qui agrippe la main de l'éternité.

J'ai cherché à travers nombreuses ruelles la silhouette d'une boîte bleue mais je n'ai fait que me rapprocher dangereusement des tambours.
J'ai cherché mille moyens d'obtenir ce qui tient si facilement entre vos doigts.

Vieillard, votre visage est dépourvu de ride mais vos yeux vous trahissent, je peux y voir le feu et la guerre, la tourmente et le regret, le chagrin et l'amour.
Le poids du Temps ne cesse d'accabler vos épaules, et votre dos s'incline lentement.

Alors pour vous, l'Univers va chanter de nouveau.

Bonne nuit, Docteur.

Sebastian Michaelis

J'ai dévoré de trop nombreux cœurs
Sur ma langue : aucune saveur
Mes papilles ne sentent plus rien
C'est dans le désespoir délicieux
De celui qui ne croit plus en Dieu
Que prend racine mon nouveau festin

Rien n'est plus goûtu
Que l'âme d'un pécheur ému
Par le désir de vengeance
Qui ne tient plus à l'existence

Orphelin récent au milieu de l'incendie
Voyez mes plumes de corbeau former un abri
Votre sang, encre du contrat faustien
Goutte le long de votre peau pâle
Sacrifiez votre œil et scellez le lien
De notre pacte immoral

Un serment gravé dans l'iris
Et sur le dos d'une main
Je serai à votre service
Et votre salut sera mien

La maison et le nom des Phantomhive vengés

Je soufflerai toutes les bougies du manoir
Et revêtirai mes ailes du plus pur des noirs
Dans une barque, votre corps figé
Voguera sur le Styx et ses eaux de vitriol
Votre éternité sous la forme d'une pomme
« Yes, my Lord ! » seront les dernières paroles
Que vous entendrez de votre majordome

Ichimaru Gin

Mon monde s'est effondré ce soir d'hiver, où
pour la première fois, j'ai vu des larmes scintiller
sous tes yeux.

La lourde neige a détruit mon toit de certitude, et
mes yeux se sont fermés à ton cœur.

De cette même bouche qui te prononça un « Je
t'aime », je dévore les humains.

Dans ce sourire qui t'a réconfortée s'est glissée
une langue fourchue.

Puisses-tu me pardonner d'avoir rampé dans les
recoins occultes de la forêt, d'avoir disparu sans
me retourner.

Je tuerai de ma lance ce Dieu arrogant qui a
souillé ton âme.

J'envenimerai le Paradis pour créer un monde
dans lequel je n'aurai plus jamais l'occasion de
te voir pleurer.

Ishida Uryū, Schrift "A" — "Antithesis"

Le cœur lourd, je me dresse dans des ténèbres où la forme de tes mots s'évapore.

Agenouillé, liquide rouge sur les lèvres, je sacrifie mon âme, l'offre à un Seigneur tyrannique, en espérant vous sauver, être à la hauteur, et je ne sais pas si je peux le faire…

J'ai comploté dans l'ombre des murailles, dépassé et perdu dans le conflit.

Je garde une croix à mon poignet mais j'ai perdu ma religion, et le sang dit impur, qui coule de mes blessures et tache mon uniforme déchiré, ne sera pas versé pour mon Père.

Un archange plein de remords dépose la somme de mes péchés sur la Balance.

Peu importe les poids qui influencent l'équilibre de ce jugement, peu importe ces coups d'épée assénés à ma chair, je continuerai à lutter, comme une bête féroce.

D'un sentiment sincère et d'une flèche d'argent, je trahirai mon Dieu et sa volonté pour vous rejoindre.

《 友情 》

IV

Les Astres Liquides

Reflets dans l'eau

Aucune lésine si mes poches se remplissent
Hypnose exercée par l'or rose ou jaune
Une faim cupide hante encore mes neurones
Haute-couture, horlogerie, pneus qui crissent
Sur l'onde d'un étang tacheté de baetis
Au milieu de cette jeune et fragile faune
Les reflets d'un palais dans l'eau, trône factice

B23

À l'heure où j'écris
Il est souvent minuit pile
Lyon, Cham', Edinburgh, Paris
Je zone dans plusieurs villes
Rien n'a changé à part mes sapes
Le même itinéraire, la même Trap
Nouvelle paire et j'hante la citadelle
Prends l'temps de me rappeler mes querelles

Je me balade dans Paname, j'erre
À la manière d'un Apollinaire
Traversant ponts et boulevards
Routes et rues s'étirant comme vipères
Et dans le Ciel trône une ruche emplie de dards
C'est la Lune mellifluente et ses cratères
Tachetée à la manière d'un jaguar
Son miel goutte dans les mains d'un vieillard
Qui l'ajoute au vin tuilé de son canthare
Son petit-fils s'amuse à l'aide de plates pierres
À déranger la Seine et ses invisibles nénufars

174

C'est dans ces avenues que j'ai récolté
Les matériaux des fabriques de mon jardin
J'ai sculpté des images tel Auguste Rodin
Développé métaphores et sonorités
Inspirées par de discrètes et joyeuses Fées
Et par les multiples ailes des Séraphins
Plumage parsemé d'yeux et enflammé

J'ai dis « au revoir » à des amis
Et « bonjour » à des ennemis
La Nuit est belle, éternelle
J'pose un pied sur les marches du Paradis
En chaussures Dior
Des abeilles sont gravées sous mes semelles
100 mètres avec la Mort

Embryon

Il y a deux types de rencontre.

Celles enfants du hasard et des coïncidences, mathématiques fruits d'innombrables facteurs, et dont la moindre branche coupée aurait avorté la naissance.

Et celles qui sont dessinées par les flots de l'existence, des fragments destinés à se rejoindre, rapprochés par de longs fils d'énergie immuables.

Dans un océan de couleurs agressives, l'achromie d'une aura étrange s'est révélée à mes yeux fatigués, et les ficelles des Parques se sont nouées en un sourire.

Notre rencontre est-elle le fruit d'une équation inqualifiable, ou le nœud d'une chaîne accrochée à nos poignets depuis le stade de l'embryon ?

Morgane

Tu donnes des bras à la Vénus de Milo
Souffles à l'oreille des poètes mille mots
Voyante tatouée d'un soleil et d'un hippocampe
Peau parsemée de multiples estampes

Reine d'un pays où les poèmes sont rois
Un aperçu de sérénité
Les tissus de la réalité sont effleurés
Du bout de tes doigts
La Vérité porte ton empreinte digitale
Sur son voile de soie
Des grottes de cristal forment ta voix
Et tes yeux, mine d'opale
Les flots d'Hâpy descendent le long de ta robe
Muse dans l'Instagram
Tes cheveux, rayons de lumière par le trilobe
Un lacet lie nos âmes

Quand je te vois, je vois le Ciel
Comme Van Gogh voit les astres osciller

Les couleurs emportées par le vent et magnifiées
Jumelle, âme sœur d'un monde parallèle

Nekketsu

J'ai le sang bouillant, et de sa chimie s'élève
Une brume où mille ombres s'opposent et
bougent
Je m'abandonne dans l'or de sa vapeur rouge
Et l'esprit déterminé, je brandis mon glaive

J'ai quitté sans regret mes terres natales
Et des cendres de mon enfance révolue
S'envole un oiseau de feu et d'acier fondu
Dans mes yeux brille une flamme sans égal

Le regard concentré comme un lanceur
Ajustant sa casquette sur le monticule
Fixant au bout du diamant, le batteur
Tous deux assommés par la canicule

En ma poitrine naît un sentiment brûlant
Un brasier que mes vers invoquent
Semblable à l'orage qui éclate et se choque
À la chaleur pénible d'un été étouffant

Et j'affronterai les épreuves, le cœur ardent

Épines

Tu as grandi entouré de pissenlits persuadés d'être des roses, oubliant que les roses avaient des épines.

Tu avais de quoi les blesser, alors ils ont tenté d'écorcher ta tige.

Sur ton front, un ange a déposé une couronne tissée par la douleur et la haine, embellie tardivement par des êtres invisibles et d'autres visibles.

Garde le sourire devant ces brutes, et si tu y perds des dents, nous les remplacerons par des métaux précieux.

Lève la tête et regarde le Ciel, il sera bientôt le plafond de notre palais.

Les descendants des étoiles

Sur un lit de cachemire, le guerrier bouclé s'est éteint, non pas une épée à la main, mais les enfants et la compagne au cou.

L'ainé des étoiles fut laissé étourdi et confus, une fratrie à protéger et une mère à soigner.

Depuis que tu as gravi les escaliers du Paradis, la pluie porte ton parfum et les cris de guerre des moteurs semblent acclamer ton nom.

Mais je sais maintenant que tu as atteint le Valhalla et ses impensables banquets.

Chaque étoile filante suit la trajectoire d'un fougueux aventurier assoiffé de liberté.

Je me rappelle de ces étés, tu m'emmenais sur les toits… Et de ces hivers, tu m'accompagnais dans les hauteurs…

Ce soir, les larmes brillent sous la Lune, mais le sourire n'a plus besoin de se forcer car quand je regarde vers l'ouest, je vois des anneaux de fumée à travers la lisière, et je sais que l'on se retrouvera, une après-midi estivale, dans les champs de tournesols.

L'Escalier du Paradis

J'ai fumé avant notre premier date pour brûler les
étapes

À chaque fois, ton sourire me frappe, tes yeux
m'attrapent

Et même si mes cauchemars me traquent

Les Succubes me draguent

Perdue dans une fumée opaque

Plantée dans le dos, une dague

À chaque fois, tu me rattrapes

Shawty oublie le mariage, passons direct à la
lune de miel

Dans le vent, il y a un escalier qui mène au Ciel

Je sais que tu te fiches des biens matériels

Moi, j'n'ai pas cette force, je suis piégée par
Samaël

Des plumes dans l'oreiller, tu m'enveloppes de
tes ailes

Écoute quand le Joueur de Flûte se révèle

Les mélodies tracent des chemins parallèles

Je te vois sur l'autre rive et mes pensées
s'emmêlent

Toutes mes peurs viennent et s'en mêlent

Tu m'as sortie des sombres ruelles

En grandissant, il me semble que s'inverse la
marelle

Reverrais-je un soir ces marches dans le ciel ?

Sous tes pieds, il y a un escalier qui mène au Ciel

Sous mes pieds, il y a une trappe, c'pas le même
dél'

Mais tu me tends la main quand même

Nos ombres plus grandes que nos âmes

Mais tu me tends la main quand même

Magicant

Les huit mélodies de Tes Sanctuaires réunies
Pas de Géant et empreinte de Lilliputien
Étang de Lait et Flaque d'Éternelle Pluie
Formation Magnétique, que d'étranges lieux
Nuage Rose surplombant un pays lointain
Mur Luminescent, Fontaine de Lave et de Feu

Dans l'eau trouble flotte une légère
Saturne, une Neptune, une Jupiter
Et une poignée d'étoiles perdues
Emportées par le courant distordu

Nombreux Icares sont tombés
Dans le marécage des pensées
Attrapés sous l'eau visqueuse
Par un Kraken aux dents hideuses

Le passé est gris et le présent
Offre des couleurs changeant constamment
Au gré des failles et doutes de ton esprit

Est-ce que si l'on prie ?...

Millenium Gummy

Une cartouche de Magical Starsign dans la poche, je pourchasse de quoi satisfaire mon ambition, volonté chuchotée par une entité insaisissable.

La galaxie regorge de cachettes pour une pirate à la recherche d'un trésor impossible.

Égarée là où les étoiles sommeillent, je les admire avec envie, le marchand de sable m'administrant sa potion au compte-goutte. Je m'efface sans un bruit car la moindre brise pourrait réveiller les astres endormis. Je m'évanouis vers l'est, auprès de titanesques golems inanimés, leurs corps sans vie à moitié enfouis dans le paysage désertique.

Au bout de la route draconique se trouve le repère que je viens de quitter pour la plage où se trouve ma chétive embarcation, elle me permettra de traverser l'océan et de rejoindre les vestiges d'une construction antique jonchée de cadavres visqueux.

La ville et ses plaisirs inconscients surplombent le bidonville dans lequel le cristal d'un lithomancien me révèle quel sentier emprunter. Je traverse des plaines flavescentes dont la terre fertile est d'un violet pastel. Le vent est si violent et balaye la poussière. J'entre dans des ruines hantées par des mirages du passé, des souvenirs qui se rejouent en boucle. Le sol d'horloge se dérègle, les aiguilles s'emballent et les tictacs sont désynchronisés.

Les villageois félins qui m'ont abritée pour la nuit refusent de m'accompagner dans l'immense jungle qui se dresse devant moi. Vert labyrinthe hostile coupé en deux par un fleuve, le danger émane de derrière chaque buisson. S'étirant bien plus haut que la canopée, un arbre géant veille sur la mer de feuilles et de branches, son tronc creux abrite un écosystème unique, mais cette richesse est sur le point de brûler car rien n'est éternel, la création a besoin de destruction pour se réaliser et la naissance a besoin de la mort pour apparaître.

Menaçante terre volcanique, la chaleur est oppressante et le noir de la roche amène une sinistre ambiance, mais une majestueuse vision contrebalance l'austérité des lieux, le ciel nocturne est zébré par une pluie de météores, rayures blanches déchirant comme des griffes le tissu de la voûte céleste. Cependant, je ne peux assister à ce spectacle. Au fond d'une caverne rougeâtre, je déterre les fossiles de gigantesques reptiles dont la puissance imprègne encore l'endroit.

Géant de roche, pyramide aqueuse, insecte affreux, fleur anthropophage, carcasse de dragon, offrez moi le pouvoir que vous gardez précieusement, je ferai les sacrifices nécessaires pour accomplir la prophétie, ouvrez moi la voie vers le renouveau.

Les deux façades d'un seul mur, l'une d'un blanc immaculé, l'autre rongée par la moisissure, la face cachée d'une lune éblouissante et les débris d'une fusée défectueuse.

Aucun membre dans ma party, j'erre dans les plaine de Shadra, à deux pas de la Caverne Chromée, antre édulcorée où le Soleil s'est fait dévoré de l'intérieur pour renaître.

Terra Incognita

Mappemonde aux tracés holographiques
Amériques lointaines et hypothétiques
« Ici sont les Dragons »
Ont écrit les sauroctones
Bravant les frontières de l'horizon
Crachant sur Poséidon et son trône
En quête des Fruits du Démon

Mon sabre trempe dans l'encre de l'écume
laissée par le sillage de leurs bateaux, comme un
filet tendu dans l'intention de capturer sirènes et
autres chimères.

Sous les mers agitées, dans le Royaume des
Basilosaures archaïques, Léviathan et
Jörmungandr mourants, reposent sur des récifs
catafaltiques les navires maudits emportés par le
chagrin du coton céleste éventré.
À des milliers de kilomètres des cénotaphes
érigés à la mémoire de l'équipage dévoré par des
spectres de crocodiles marins égarés loin des

côtes de la Grande Jave, la pourriture transpire par la coque de ces vaisseaux abîmés, mausolée piégé par des algues avares, semblables à de diaphanes toiles d'aranéide.

Dans ces bibliothèques hadales, j'étudie les archives de l'intelligente Seiche et du Poulpe érudit, magiciens que l'on nomme Kraken.

Dans un archipel d'isles où se retirent les philosophes, j'arpente, sous l'œil inquiet d'un reptile borgne, d'étranges architectures, épaves aux desseins troubles comme le haar matinal d'Edimburra enveloppant dans sa fourrure grise les collines. De la fumée émane du sol noir et s'élève vers les constellations qu'aucun astrologue n'a encore cartographiées depuis cet angle. Cachées derrière la lisière de la jungle, restant éloignées du feu qui réchauffe mes provisions, j'aperçois les silhouettes d'étranges bestioles, leur forme ne rappelle en rien l'humain, mais leurs regards perçants et curieux n'envient rien au mien.

Les vergers flavescents du jardin primordial se heurtent dans un cryoséisme au désert de glace,

sorbet coloré sous la Lune d'une Nuit éternelle,
fille d'une saison du comfort sans fin.

Poétesse devenue Maître-monstres, nombreuses
créatures, domptées par le fouet plumiforme,
dessinent une ménagerie singulière entre les
barreaux du papier.

La Nuit, j'entends
Des trains à travers la plaine
D'infinis rails obliques longeant
L'habitat des Fées souveraines
Des kilomètres de steppes sans
Drapeau, ni roi, ni reine

Nyctalope

Que la Poésie révèle le Bien et le Beau dans ses flammes et ses prestidigitations verbales, par une science qui réfléchit les photons en des directions surnaturelles.

Que sous un Soleil baignant dans sa propre lumière brûlante, les écrins de plénitude apparaissent brièvement aux yeux des aveugles, et que leurs éclats traversent le tissu épais du voile qui cache le regard des ignorants.

Que Poétesses et Poètes chantent le Mal Absolu sous les couleurs du Dendrobate et de la Digitale pourpre, en cueillent les fleurs, en extraient les pigments, et en consomment le venin.

Qu'ils et elles décrivent les gigantesques palais de platine dont même les cachots arborent des barreaux d'argent et des entraves d'or, demeures se reflétant comme une gemme incandescente sur les pupilles des voyageurs exténués.

Puis qu'ils et elles descendent s'enfoncer dans la pénombre des murailles chromées, et écoutent avec attention ces âmes de fer et de plomb qui peuplent ces fosses.

Qu'ils et elles étudient les miasmes qui composent l'habitat de la faune visqueuse des marécages, qu'ils et elles ressentent sur leur plume, piquée involontairement à des êtres que l'œil refuse de voir, la pression de la mâchoire des alligators.

Que soit contemplé le contre-jour de la glorieuse croix, sous laquelle repose le vaisseau maudit d'une âme déjà partie par delà les atmosphères depuis plusieurs décennies.

Évadés et fugitives libérés de leurs chaînes, leurs ombres, projetées sur les parois humides d'une caverne, où dorment suspendus entre les stalactites des rhinolophes assoiffés, dansent un mouvement déconcertant, un ballet qui agite les sens comme un parfum fort ou les vibrations d'une mélodie travaillée.

Prends de tes deux bras la haine de la somme de tous les cœurs, porte la bien haute comme le Ciel, et soutiens la sur tes épaules comme un Atlas souffrant, à genoux devant l'Océan, vieux et profond.

Les Nuits

Une Nuit, mes yeux affrontent les ténèbres, et refusent de fermer les fenêtres de mes iris, ils guettent telle une chouette les mouvements noctivagues, ne manquant aucune occasion d'aiguiser leur précision à rapporter à mon sabre la direction vers laquelle son tranchant doit fendre l'espace.

Une Nuit, mon esprit cède à la paralysie soporifique et accueille les Onérois, j'entre alors dans d'aliennes contrées, mes doigts se démultiplient, le ciel arbore des teintes dures à décrire, et les dénouements des romans changent après chaque lecture, perdant leur capacité à s'imprimer dans la mémoire.

Une Nuit, je reste recluse dans l'anfractuosité d'un appartement parisien, blottie contre une muse aux traits de Fée, mes mains parcourent son épiderme et mes doigts se perdent dans sa crinière, douce fourrure. Mes mots touchent, comme la pointe du fleuret d'escrime, les cibles qui se dressent dans son cœur.

Une Nuit, liquide médicamenteux violet dans bouteille de Sprite, je pèse les substances sur la balance, équilibre la magie noire et la magie blanche, je marchande la Mort à quelques favoris de la Vie, recompte ma monnaie sur du Hill G.

Une Nuit, épiée par des regards de jaspe, une hideuse créature s'amuse à comprimer ma cage thoracique, mes muscles sont pris de tremblements incessants, et mes poumons suffoquent sous la masse de cet être difforme, que les dards d'un réveil brusque m'extirpent de cette torture.

Une Nuit, loin des métropoles, dans un vide parking situé dans des hauteurs rocailleuses, près des nids d'orfraie, j'effrite un bout de résine délétère et dissèque une cancerette, entourée de mes brigands, à l'arrière d'un véhicule empli de fumée.

Une Nuit, alors que j'erre à mon habitude, des Invalides à Madeleine, observée par les statues héroïques qui se gardent de mouvoir, je vois Maldoror agripper, de ses mains griffues, le visage géométrique d'un archange et le plonger violemment dans la Seine crade, sous le regard apathique d'un cortège de feux follets, dont les barques hyalines avancent lentement vers des portails indiscernables. Giygas, le Vampire, Apophis... De ses multiples noms, il parcourt l'air et se dilue dans l'éther comme le sang se répand dans l'eau… Et par les règles d'une sphère extérieure, il agit en des ondes qui dépassent notre compréhension.

Une Nuit, je vagabonde et assiste à de tragiques spectacles souillant le fleuve, étendue de miasmes où baignent noyés et monstres lacustres. Devant ces mises en scène accablantes, je reste impuissante, telle une créature du Petit Peuple capturée contre son gré et maintenue prisonnière dans une cage de fer.

Une Nuit, j'aperçois la Lune liquide pleurer, supplier les Fées d'agiter les vagues et les vents, afin de l'effacer de cette surface trouble et pestilentielle.

Infinie galerie de tableaux occultes, de golems timides, d'ectoplasmes qui se dérobent au coin de l'œil, Les Nuits.

Baku

Baku, que vois-tu ? Dans mes rêves que tu
dévores avec tant d'appétit.

De ta tentaculaire trompe, tu détruis les
bâtiments difformes de cette ville et amènes les
débris jusqu'à ta bouche emplie de canines.
Quelles saveurs animent donc autant ta voracité ?

Dans quels lieux étranges se sont posées tes
pattes de tigre ? Combien de paysages oniriques
as-tu engloutis ? Avant de t'attarder sur les
plaines fertiles de mon sommeil.

Je remarque que tu raffoles de ces péripéties qui
croissent pêle-mêle dans les rizières où sont
noyés mes fantômes, et de ces estampes qui se
dessinent sur les écorces de la mer d'arbres qui
s'étend par delà la périphérie.

À qui appartiennent ces visages qui s'effacent
sous tes papilles ? Ces faces sans expression ni
regard qui pourtant me fixent intensément.

200

Que représentaient ces vestiges de mon inconscient ? Eux qui désormais se désagrègent lentement dans ton estomac.

Tu m'inspires autant d'effroi que de fascination.

Dois-je, dans un sursaut, te terrasser ? D'un geste furtif et élégant de mon sabre malléable.
Ou devrais-je plutôt laisser une si majestueuse créature brouter les champs de mes idées et craintes ?

Et si, par instinct, je choisissais l'épée ? Ma frappe pourrait-elle atteindre un être protéen tel que toi ? Mon tranchant risque en vain de s'écraser mille fois contre l'air glacé et l'imposante pénombre.

Qu'ai-je somniloqué maladroitement ? La première fois que je t'ai rencontré, dans une rue rose emplie de brume stylisée, et de flaques profondes comme des douves, tes yeux de rhinocéros narquois et amusés se moquant de mon incompréhension.

Tout ça n'a que peu d'importance dans un plan si éphémère et insaisissable. Ton adéphagie m'entrainera bientôt dans un vide matériel, une obscurité palpable.

Ill Ilah

Ton destin est scellé à partir du moment où tu en prends connaissance.

Je n'arrive pas à trancher, je ne sais pas si tout est écrit ou si rien n'a de sens.

Je ne crois pas trop en Dieu, je ne crois pas tant en la science.

J'ai entr'aperçu différents plans d'existence, superposés dans un magma d'essence, reliés par de complexes codes dont je n'ai aucune clef.

La Fabrique Mathématique et la Formule se complètent pour former l'Esprit.

La Réalité est trop bien calculée, confectionnée si minutieusement, pour être le fruit du hasard ou la création d'une entité capricieuse.

Je m'acharne à poursuivre la compréhension de règles insaisissables, comme un aveugle qui voudrait imaginer les couleurs.

Et peut-être que l'artiste qui a imaginé les forces et lois qui régissent ce monde ne peut pas imaginer les couleurs qui composent son œuvre.

Orphée

Orphée se retourna.

Nul ne sort de Pandémonium City sans jeter un dernier regard sur son architecture d'ébène et de marbre.

Naïf est le poète qui, par ses rimes, espère donner vie à ses chimères oniriques.

Aucun nom ne restera gravé à jamais dans la pierre, le Temps effacera tout.

Les artistes n'ont jamais écrit pour les humains, leurs plumes s'adressent aux Fées, et les recueils divertissent ceux qui détiennent l'Éternité pour tous les lire.

Eurydice se souviendra d'Orphée, les vivants l'oublieront dans une poignée de tours de soleil.
Inconscient est le poète qui, par ses notes, tente la transmutation humaine.

Aucun artifice, aucun alexandrin, aucune Pierre Philosophale ne peut prétendre extirper les défunts de leur sommeil.

Cupide est la Faucheuse, de ses mille mains, elle reviendra toujours récupérer son dû.

Orphée se retourna.

Note aux Lecteurs

Ces recueils dans lesquels les Poètes et Poétesses déversent leurs doutes, ces rimes qui cherchent à prouver leurs valeurs, ces vers qui posent des questions sans attendre de réponse, ces problématiques inachevées…

Tout cela n'est qu'un divertissement pour ces êtres qui transcendent notre plan, ces entités qui ricanent de l'enclos que nous appelons Temps.

Ils chuchotent aux artistes et récoltent les fruits de leurs investissements.

Et moi, j'aurais toujours ce seum en mon cœur, cette faim dans mon mental, l'envie de grailler le monde.

Jusqu'à la fin de mes jours, mes contradictions se bousculeront, mes idées s'opposeront, des phrases incomplètes reviendront m'empêcher de dormir.

Je ne sais toujours pas ce que je veux vraiment, et pourquoi je le veux.

Mais j'ai compris pour qui j'écris ces formules magiques.

Ricanez, Fées et artisans du néant, ricanez en tournant les pages sur lesquelles mon esprit s'est acharné, je vivrai à jamais à travers vos lectures.

Le Soleil se couche, embrassant son reflet.
Autre part, le Soleil se lève, tranchant la pénombre.

Remerciements

Maman
Papa
Evan et Ludine
Lise
Juan
Joris
Arnaud
Clarisse
Alexandre
JC
Mathilde
Morgane
M. Lopez
M. Leroy

Contacts
Email : eponine2098@gmail.com
Instagram : @epodescrime